JN436666

성숙한 교회가 성장한다

성숙한 교회가 성장한다

2016년 3월 5일 · 제1판 1쇄 발행

지은이 | 천석길
펴낸이 | 안병창
펴낸데 | 요단출판사
07238 서울특별시 영등포구 국회대로 76길 10
기 획 | (02)2643-9155
영 업 | (02)2643-7290~1 Fax (02)2643-1877
등 록 | 1973. 8. 23. 제13-10호

기획편집 | 류정선
디 자 인 | 서경화
제 작 | 박태훈
영 업 | 김창윤 정준용 이영은

값 10,000원
ISBN 978-89-350-1595-5 03230

요단인터넷서점 www.jordanbook.com

성숙한 교회가 성장한다

천석길 지음

요단

성숙하면 성장한다

어릴 때부터 이 땅의 소망은 교회라고 생각했습니다. 믿지 않는 사람들도 '교회는 좋은 일을 한다'고 믿었고, 마을에 있는 교회에 대해서 기대하는 것이 많았습니다. 그런데 언제부터인가 달라지기 시작했습니다. 교회가 세상을 걱정하는 것을 달갑게 여기지 않을 뿐더러 오히려 세상이 교회를 걱정하는 희한한 시대가 되었습니다.

이것은 본질을 떠난 교회가 세상을 닮아가고, 기업을 따라 가다가 교회의 교회다움을 놓쳐 버렸기 때문입니다. 교회는 세상과 그 존재 목적이 다릅니다. 교회가 세상과 다른 존재 목적을 충실하게 감당할 때, 세상을 향해 말할 수 있고, 세상을 변화시킬 수 있는 힘이 있습니다.

저는 2001년에 『구역조직을 가정교회로 바꾸어라』(나침반 간)를 읽고 무작정 미국 휴스턴서울교회를 찾아가 세미나에 참석하여 큰 충격을 받았습니다. 한 주간의 세미나가 끝날 즈음, 저는 진정한 교회의 참모습과 교회와 성도들의 섬김의 방법을 깨달았습니다. 그리고 '구미남교회도 휴스턴서울교회와 똑같이 되어보자'는 마음으로 2003년 12월에 가정교회로 전환했습니다.

전환 당시에 장년 예배 출석인원이 약 400명이었는데 지금은 1,600여 명에 이르고 있습니다. 지방에 있는 교회가 해마다 100여 명씩 증가한다는 것은 놀라운 일입니다. 지금은 우리 교회에서도 일 년에 두 차례씩 '평신도를 위한 가정교회 세미나'와 '목회자를 위한 가정교회 세미나'를 섬기는 교회가 되었습니다.

가정교회는 21세기에 새롭게 나타난 운동이 아니라 이미 2천년 전에 초대교회에서 시작되었고, 사도행전에 기록되어 있는 바로 그 교회입니다. 이 중요한 진리를 많은 사람과 나누고 싶습니다. 가정교회를 접하면서 교회와 사람은 억지로 강요할 것이 아니라 감동을 주는 섬김이 있으면 성숙하게 되고 성숙하면 자연스럽게 성장한다는 것을 확신할 수 있었습니다. 그래서 그동안 "성숙하면 성장한다"는 이야기를 교회 성도들과 나누었습니다. 이제는 이 이야기를 더 많은 분들과 나누고 싶습니다.
그 비결을 함께 나누면서 우리에게 베푸신 하나님의 은혜를 이야기하고 싶습니다. 교회의 아름다움이 우리 시대에도 활발하게 일어나기를 간절히 바라는 마음으로, 부족하지만 가정교회의 이야기를 책으로 내어 놓습니다. 이 책을 읽은 모든 사람들이 섬기는 교회 위에 우리가 받은 은혜와 복이 임하기를 진심으로 축복합니다.

2016년 새봄, **구미남교회**를 섬기는

천 석 길 목사

목 차

I 가정교회란 무엇인가?

가정교회를 주장한 이유 / 가정교회에 식탁이 있어야 하는가? / 나눔은 최고의 교육입니다 / 목장에서도 함께 기도해야 합니까? / 목장은 그리움을 쌓는 곳입니다 / 이런 교회이고 싶습니다 / 가정교회의 힘은 어디에서 나오는가? / 우리 교회가 추구하는 가치 / 남자가 변하는 교회 / 담임목사를 돕는 방법 / 예수님의 마음을 시원하게 하는 교회 / 우리 교회의 핵심가치 / 섬김이 행복한 이유 / 목장 이름은 이렇게 지어집니다 / 사람을 감동시키는 두 가지 / 예비 목자를 세울 수 없을 때 / 구장과 목장 / 목장의 힘은 신실함에 있습니다 / 원칙을 지킬 때 리더십이 생깁니다 / 누구는 섬기고, 누구에게는 시켜야 하는가? / 목자로 세울 사람이 없습니다 / 교회에 등록하면 반드시 지켜야 할 사항 / 목장은 교회입니다 / 사람이 교회이다 / 교회가 추구하는 세 가지 / 잘하기보다 바르게 하기 / 빠르기보다는 바른 방향 잡기 / 우리의 집을 작은 교회가 되게 합시다

I
가정교회란 무엇인가?

가정교회를 주장한 이유

2년 동안의 준비기간을 거치고 당회에서 결정한 후 그해 첫 주에 가정교회를 시작했습니다. '잘 될까?' 하고 우려하는 성도들도 있었고, '성경적인 원리이니까 잘 될 거야!'라고 확신하는 성도들도 있었습니다. 우려한 성도들은 혼란을 겪은 가정교회의 사례들을 보았기 때문이고, 잘 될 거라고 확신하는 성도들은 옳은 일에는 하나님께서 책임지신다는 순수한 믿음이 있었기 때문일 것입니다.

그러나 분명한 것은, 교회들이 가정교회를 시작하면서 혼란을 겪었던 이유는 가정교회를 시작하기 이전에 이미 교회 안에 있었던 갈등들을 해결해 보려는 얄팍한 동기가 통하지 않았기 때문이었습니다.

가정교회가 꽃을 피우는 교회는 이미 헌신된 성도들이 성경의 원리대로 섬기기 때문입니다. "왜 가정교회이어야 하는가?"에 대해서는 이미 책과 설교를 통해서 여러 번 전달했기 때문에 다시 설명할 필요는 없을 것 같습니다. 가정교회는 초대교회에 등장한 모델로써, 사도행전과 서신서에서는 반복하여 이 가정교회를 지칭해 "네 집에 있는 교회"라고 했습니다.

역사적으로 교회의 가장 부끄러운 사건은 십자군 전쟁입니다. 당시의 교회 지도자들이 권력자들과 야합하여 힘의 선교를 하려다 일어난 사건입니다. 어느 시대든 교권의 뒤에 숨어서 교인과 교회를 선동하는 세력들이 있었습니다. 물론 그들의 주장도 이유는 있겠지만 우리의 스승이신 예수님이 말씀하신 기독교는 사회적으로 힘 있고 유능한 사람들을 모아 힘을 규합시킨 것이 아니라 '삶의 변화'에 있었습니다.

교회에서는 누구든지 그럴듯한 행동으로 거룩한 모습을 보일 수 있습니다. 그러나 우리의 삶이 적나라하게 드러나는 가정에서는 진심이 아니면 통하지 않습니다. 이것을 잘 알고 있는 마귀는 성도가 능력 있는 삶을 살지 못하게 방해합니다.

"교회에 출석은 하되, 가정을 열어서는 안 된다, 때로는 연약한 사람들을 가르치며 높임을 받되 그들을 직접 섬기는 바보는 되지 말라"고 속여 왔습니다.

그러나 이제 우리는 압니다. 가정은 천국과 사회를 잇는 곳이고, 우리의 믿음이 자라고 검증받는 가장 확실한 장소라는 것을…. 참된 신앙은 우리의 집을 가정교회로 활짝 열어젖히고 이웃을 자신 있게 초대할 때 맛보게 하시는 하나님의 선물입니다.

가정교회에 식탁이 있어야 하는가?

가정교회는 '구원의 확신이 있는 사람들이 세상의 유익한 삶의 가치를 내려놓고 하나님이 중요하게 여기시는 것을 공동체의 삶으로 실천하기 위해 미숙한 그리스도인과 더불어 불신자를 사랑으로 섬기는 작은 교회'입니다. 이에 합당한 목장을 이루려면 교회의 원조이신 예수님을 보고 배우면 됩니다.

예수님은 신학교에서 가르치는 것처럼 딱딱한 학문을 가르치거나, 사람들이 끼어들 수 없는 고차원의 주제를 이야기하게 하시는 것이 아니라 아주 자연스럽게 모여 어떤 주제이든 이야기하게 하셨습니다. 사람들이 예수님 곁에 서로 가까이 앉으려 했던 것을 볼 때, 우리는 참 거룩이 무엇인지를 알 수 있습니다. 사람 수에도 넣지 않았던 어린이들과 여인들, 사람 취급을 받지 못했던 이방인들, 심지어는 죄인 취급받던 세리와 창녀들까지 예수님 곁에 앉아서 함께 이야기하며 음식을 나누었습니다. 이런 모습을 본 거짓된 경건에 사로잡혀 있던 바리새인들이 "저 사람이 어찌 세리와 창녀들로 더불어 먹고 마시느냐?"고 비웃을 정도였습니다.

그러나 성경은 초대교회의 은혜로운 모습을 "그들은 기쁨과 순전한 마음으로 날마다 음식을 먹었다"고 묘사합니다. 음식을 누구와 함께 먹느냐 하는 것은 그 사람의 정체성과 관련된 아주 중요한 문제입니다. 음식을 자주 같이 먹는다는 것은 피를 나눈 한 가족임을 의미합니다. 남남이었던 사람들이 사랑으로 하나가 되면 '함께 먹고 싶다'는 생각을 하게 됩니다.

예수님이 많은 사람을 기꺼이 식탁에 초대하신 것은 세상을 향해 "보라, 이제는 우리가 한 가족이기에 기꺼이 음식을 함께 먹는다"는 것을 보여 주시는 감동적인 무언의 설교였습니다. 그러므로 "목장 모임에서 굳이 음식을 함께 먹어야 하느냐?"는 질문은 "우리가 남이냐, 가족이냐?"는 질문이 됩니다. 맛있는 것이 생길 때 목장이 가장 먼저 생각나는 사람, 그는 이미 가정교회 한복판에 서 있는 행복한 그리스도인들입니다.

나눔은 최고의 교육입니다

1985년 찌는 듯한 여름이었습니다. 그때 저는 사우디아라비아의 사막 한가운데에 신도시를 만드는 건설회사에서 일했습니다. 그곳에서 저는 신학 공부를 위한 학비를 마련하겠다는 일념으로 일 년을 버티며 눈물과 땀의 대가를 조금씩 배웠습니다. 건설 현장에서는 13개 나라 사람들이 함께 일했는데 다른 음식문화 때문에 식당도 제각기 달랐습니다. 그런데 신기하게도 후진국 국민일수록 식사시간이 짧고, 선진국 국민일수록 길었습니다. 선진국 국민들은 배고픔만을 해결하기 위해 먹는 것이 아니라, 식사시간에 함께 대화하며 아름다운 교제를 나누었습니다.

관계가 좋을수록 함께 음식을 자주 먹게 되고 할 이야기도 많습니다. 그러나 아무리 값비싼 음식을 앞에 두고도 일방적으로 듣기만 한다면 무슨 즐거움이 있으며 맛이 있겠습니까? 라면 한 그릇을 앞에 두고도 고민을 털어놓을 수 있고, 나의 아픔을 받아주는 사랑하는 이웃이 우리 곁에 있다면 그래도 살아볼 만한 세상이 됩니다. 예수님은 이런 세상을 위하여 "너희는 일방적으로 선생이 되지 말고 어느 누구에게든지 배울 것을 찾으며 서로를 위로하라"고 하셨습니다.

성경에서는 설교를 '*디알로기조마이*'라는 단어를 쓰기도 합니다. '사람들 사이에서 대화하다', 즉 '혼자 말하는 것이 아니라 서로의 이야기를 주제로 삼아 대화했다'는 뜻입니다. 교육학에서도 가장 좋은 교육은 일방적이지 않고 상호 간에 참여가 있는 교육이라고 말합니다.

우리에게 나눔이 있어야 하는 구체적인 이유는, 한 사람이 예수님을 영접한다는 것은 공동체의 지체가 된다는 것을 의미하기 때문입니다. 나 혼자만 잘 믿겠다는 것은 성경의 근본 진리를 부인하는 것입니다.

나눔의 시간은 하나님의 가족으로 초대받은 사람들이 어떻게 하나님을 만났으며 서로 순종과 불순종의 경험을 고백하고 위로하는 중에 하나님을 체험하는 은혜의 시간입니다. 목장에서 고백을 망설이는 이유는 서로에 대한 믿음이 부족하기 때문입니다. 목장 모임에서 나눔이 풍성하다는 것은 마치 사랑하는 사람을 만났을 때 말이 많아지는 것과 같습니다. 그때 첫사랑의 애인과 자정이 넘도록 시간가는 줄 모르게 이야기하던 기쁨이 있었다면, 이제는 한 차원 더 높은 '영원한 시간'에 풍덩 빠져 있는 자신을 보게 될 것입니다.

목장에서도 함께 기도해야 합니까?

이제 우리 교회도 여러 나라의 선교지를 도울 수 있는 헌신된 교회가 되었습니다. 이 일에 이해관계를 따지지 않고 힘을 다하고 계신 성도들이 참으로 사랑스럽습니다. 제가 우리 목장과 선교지를 연결시킬 때는 나름대로의 원칙이 있는데, 그중의 하나가 선교사의 개인 기도시간 외에 성도들과 함께 하는 기도회가 어떻게 이루어지는가를 확인하는 것입니다. 예수님을 믿기로 결단한 사람들이 함께 모여 뜨겁게 기도한다면 우리는 기꺼이 후원해야 한다고 생각합니다. 가끔 미자립 교회나 선교지에서 이런저런 사업을 벌여 놓고는 마치 그것이 교회인 것처럼 착각하는 사람들을 만날 때가 있습니다. 그들은 영혼구원하려는 간절한 마음이 없이 사회사업에만 바쁩니다. 교회는 영혼이 하나님께로 돌아오는 일과 기도의 뜨거움이 살아 있을 때 성장합니다.

목장은 영혼을 구원하기 위해 집에서 모이는 또 하나의 교회이기 때문에 우리는 불신자들을 목장에 초대해서 그들이 전혀 불편해하지 않도록 편안함을 제공해야 합니다. 그 다음의 목표는 거듭난 그리스도인들이 구원받지 못한 사람들에게 구원의 감격을 느끼게 해주고 짜릿

하게 체험할 수 있도록 도와주는 것입니다. 그렇게 할 때 영혼구원을 위한 기도응답을 받게 됩니다.

기도는 하나님과의 대화인 동시에 관계성을 증명하는 것으로 자신이 고민하고 힘들어 하는 문제를 하나님께 아뢰는 것입니다. 그래서 목장 모임이 마무리될 즈음에는 오늘의 나눔을 그냥 흘려보내지 말고 차근차근 잘 정리해서 하나님의 도우심을 바라면서 간절한 마음으로 함께 기도하면 우리의 주인이신 하나님께서 응답하실 것입니다.

생각해 보십시오. 교회가 큰일을 앞두고 그저 의논하고, 토론만 하며 늘 제자리에 머물러 있다면 그 일의 책임은 하나님이 아니라 기도하지 않는 교인들에게 있는 것입니다.

마찬가지로 가정교회의 기쁨을 맛보려면 함께 기도했더니 하나님께서 응답해 주셨다는 간증들이 터져 나와야 합니다. 그것은 일의 중심에 언제나 목자(녀)가 실제로 기도하는 사람일 때 가능합니다. 기도는 하나님을 행동하시게 하는 사람이 할 수 있는 최고의 일입니다.

목장은 그리움을 쌓는 곳입니다

햇병아리 목회자 시절의 이야기입니다. 전 성도가 열 손가락 안에 들어올 정도의 작은 교회에서 혼자서 사역했기 때문에 늘 바쁘다고 볼멘소리를 했습니다. 그러다 여름이면 열댓 명 되는 학생들과 청년들을 긁어모아 '여름수련회'라는 이름으로 바닷가나 계곡을 찾아 나서곤 했습니다. 교회 승합차에 비집고 앉으면 가고 싶은 곳은 어디나 달려갈 수 있어서 좋았습니다.

한 번은 바닷가에 텐트 몇 개를 치고 전 교인이 한 자리에 빙 둘러 앉았습니다. 저녁을 먹고 모래사장에 누워서 밤하늘의 별을 이불 삼아 시간 가는 줄 모르고 이야기꽃을 피웠습니다. 밤을 꼬박 새우면서 나누었던 이야기는 오래도록 우리의 기도 제목이 되었고 우리의 힘이 되었습니다. 아이들이 도시로 나가 돈을 벌고, 여학생들은 시집가서 아이 엄마가 되었다는 소식을 전해 듣습니다. 요즘도 가끔씩 그 아이들과 함께 새벽송을 돌았던 기억과 중학생이면서도 선생이었던 그들과 함께했던 여름성경학교의 기억들이 흑백 사진을 보듯 떠오릅니다. '지금도 그 마을에 아이들이 살고 있을까? 그때의 아이들도 나처럼 그때를 그리워할까?' 생각해 봅니다.

'그런 순수한 시절은 영원히 지나가고 말았을까? 다시는 그런 그림을 그릴 수 없을까?' 하는 생각의 여행 중에 '우리의 목장이 바로 그런 곳이다'라는 생각을 하게 되었습니다. 함께 교회를 섬기면서 목장이라는 울타리 안에서 만난 우리는 오늘도 울고 웃으면서 서로의 아픔을 드러내고 미래를 인도하실 하나님을 향하여 손을 듭니다. 오늘 우리의 이야기(기도)가 훗날에 아련한 그리움으로 되살아나서 헛헛한 가슴을 따뜻하게 덮어줄 추억의 도피성임을 확신하기에 나는 우리의 목장을 사랑할 수밖에 없습니다.

이런 교회이고 싶습니다

부모는 사랑하는 자녀들이 건강하게 성장하는 모습을 볼 때 행복합니다. 목사 역시 교회가 건강하게 성장할 때 행복합니다. 목사와 성도들이 '성장'이라는 단어를 어떻게 이해하느냐에 따라 교회의 색깔이 다양하게 나타나는 것 같습니다. 저는 말씀으로 섬기고 인도하는 목사로서 다음과 같이 우리 교회의 두 가지 모습을 소망합니다.

첫째, 성장과 성숙을 동시에 이루는 교회가 되었으면 합니다. 왜냐하면 오늘날 일부 교회들이 성장에만 깃발을 내걸다 보니 교인들을 달달 볶아서 숫자 늘리기에 성공하여 대형교회가 되었지만 정작 성도들의 마음속에 행복이 없어보이기 때문입니다. 숫자가 늘어나는 것도 좋은 일이지만 더 중요한 것은 먼저 부름 받은 사람들이 마음과 마음으로 교제하고 서로 고백하며 하나님의 은혜를 체험하며 행복을 느껴야 합니다. 성숙한 교회의 성도는 "내가 이 교회의 교인인 것이 너무나 행복하다"고 자연스럽게 고백합니다.

둘째, '교회를 위한 교회'가 되었으면 합니다. 이 목표는 보기에 따라서는 상당히 교만한 것처럼 들릴 수 있겠지만, 결코 구미남교회가 교회를 대표하는 교회가 되겠다는 말은 아닙니다. 단지 하나님께서 우리에게 부어 주신 은혜와 축복에 따라서 힘을 다해 다른 교회를 섬김으로써 존재 의미가 있는 교회가 되었으면 좋겠다는 뜻입니다. 한 사람이 한 사람을 섬긴다는 것은 힘이나 지식으로 하는 것이 아니라 '내리사랑'처럼 은혜받은 사람들이 할 수 있는 것입니다. 우리 교회 안에 은혜를 입은 사람답게 사랑을 주고 또 주는 내리사랑이 넘쳐나기를 소망합니다.

감사하게도 하나님께서는 우리에게 가정교회 정착을 위해 내년부터 목회자들을 초청해서 가정교회 세미나를 개최하게 하셨습니다. 그리고 열악한 선교지를 위한 선교센터를 짓게 하셨습니다. 우리는 이제 이 선교센터를 통해 미얀마와 캄보디아에 해마다 예배당을 건축할 예정입니다. 이 일들은 주님이 이 땅에 오시는 그날까지 계속될 것입니다. 이 귀한 역사들이 이 땅의 모든 교회마다 이루어지기를 축복합니다. 우리 교회처럼.

가정교회의 힘은 어디에서 나오는가?

지난 주일 오후에 가정교회를 알리기 위해 대구불꽃교회를 다녀왔습니다. 우리 교회에 대해 알고 싶어 하는 몇몇 교회의 목사님들이 교인들과 함께 참석했습니다. 제가 이론을 강의하고 나성준 목자가 가정교회의 실제적인 부분에 대해 간증을 했습니다.

두 시간 넘게 진행되는 동안 참석자들이 열심히 메모하며 진지하게 듣는 모습을 보면서 성도들이 성경적인 교회에 대해 관심이 많다는 것을 실감했습니다. 강의 후에 많은 질문이 쏟아져 나왔습니다. 어떻게 매주 그렇게 많은 음식을 준비할 수 있으며 재료비는 어디서 지출하는지, 혹시 교회에서 재정을 제공하는지에 대한 질문과 실패한 목장의 사례도 있으면 소개해 달라고 했습니다. 그런데 그중 중요한 질문이 하나 있었는데 바로 "목장의 힘은 어디에서 나온다고 생각합니까?"라는 질문이었습니다.

목장의 힘은 사랑에 있습니다. 그 사랑은 영혼을 향한 진실된 마음입니다. 그것은 목원들이 무엇을 아파하고, 무엇을 고민하는지 그 눈물의 이야기를 끝없이 들어주고 수용하며 함께 하나님께 나아가는 태도입니다. 또한 불신 영혼이 함께 기도응답을 체험할 수 있도록 그들을 배려하고 베푸는 것입니다. 이러한 가운데 진솔한 사랑이 초대받은 사람에게 전달되어 그들이 목장을 좋아하고 우리와 같은 그리스도인이 될 것입니다.

성경말씀과 삶의 원리만을 가르치는 모임이 아니라, 영혼을 향한 순수한 마음으로 하늘의 상급을 바라볼 때 지치지 않는 힘을 공급받는 곳이 바로 목장입니다. 한 영혼이 그리스도의 이름 앞에 무릎을 꿇고 은혜를 맛보는 목장은 세상의 어떤 모임과도 비교할 수 없는 사랑의 힘이 철철 넘쳐날 것입니다.

우리 교회가 추구하는 가치

세상의 모든 것은 존재하는 목적이 있고 그 목적에 따라 쓰임 받을 때 비로소 빛이 납니다. 성도의 존재 목적은 영혼구원에 있고, 이 일에 온 성도가 한마음이 될 때 어떤 문제도 사라질 것입니다. 영혼구원이 아닌 다른 것에 힘을 빼앗기거나 분주하면 자신도 모르는 사이에 갈등과 고민이 자라기 시작합니다. 그러므로 건강한 교회는 영혼구원을 위해 최선을 다하는 섬김에서 참된 기쁨을 찾습니다. 영혼구원을 위해 노력하다 보면 자신도 모르는 사이에 예수님의 성품을 닮아 인격이 변해가는 것을 느낄 것입니다.

영혼구원은 소중하지만 결코 쉽지는 않습니다. 우리 교회가 이 일을 위해 가정교회로 전환하고 일 년 남짓 지난 지금 하나님께서 큰 은혜를 부어 주셔서 이제는 섬긴다는 말이 자연스러울 만큼 목장마다 섬김으로 하나가 되었습니다. 이런 아름다운 은혜를 주신 하나님께 감사하여 더욱 하나님을 기쁘시게 해드리기 위해 '제26차 목회자를 위한 가정교회 세미나'를 우리 교회에서 개최하게 되었습니다.

세미나 기간 중에 목회자를 초대하는 가정들이 도배를 하고, 이불을 세탁하고, 커튼을 손질했다는 등의 이야기를 들으면서 어릴 적 일이 떠올랐습니다. 그때 우리 아버지는 왜 그러셨는지는 몰라도 일 년에 한 번씩 당회장 목사님이 순회하실때는(옛날 시골 교회는 전도사가 시무했기 때문에 목사만이 할 수 있는 침[세]례식과 공동의회를 인도하시기 위해서 일 년에 한 번씩 순회했다) 꼭 우리 집에 모셔야 한다는 사명감이 있으셨습니다. 추운 겨울날 도배를 새로 하셨고, 방문을 모두 떼어서 창호지를 다시 바르셨습니다. 그리고 평소에는 먹을 수 없었던 여러 가지 맛있는 반찬과 정성스럽게 보관해 두셨던 빠알간 홍시를 상에 올리곤 하셨습니다. 그때 목사님께서 어린 우리들의 머리 위에 손을 얹어 기도해 주실 때 찌릿하고도 행복했던 기억이 새롭습니다.

이제 우리는 '교회를 섬기는 교회'로서의 첫걸음을 내딛습니다. 하늘의 하나님께서 참으로 기뻐하실 이 일에 우리 교회가 쓰임을 받으니 얼마나 감사한지요.

남자가 변하는 교회

성도들이 저에게 하는 이야기 중 가장 듣고 싶은 말이 두 가지가 있습니다. 하나는 '우리 목사님은 목사 냄새가 별로 나지 않는다'는 칭찬(?)입니다. 생각하기에 따라서는 오해의 소지가 있겠지만 저는 '목사 냄새가 덜 난다'는 말은 권위적이지 않으며 편안해서 어울리고 싶은 사람이라고 제 나름대로 해석합니다. 다른 하나는 '우리 교회에 출석하는 남자들은 자신들도 모르는 사이에 신사로 바뀌고 있다'는 말입니다.

그런데 제가 듣고 싶은 첫 번째 말을 아직 많이 듣지 못하는 것은 저를 무서워하여 애써 피하는 분들이 더러 있기 때문인 것 같습니다(알고 보면 저 엄청 부드러운 사람입니다). 그러나 두 번째로 듣고 싶은 '남자가 변하는 교회'에 대해서는 요즈음 심심찮게 듣습니다.

어떤 남자 성도가 이렇게 간증했습니다.

"제가 하나님을 만나기 전에는 하루도 술을 마시지 않으면 잠들지 못하는 술주정뱅이였습니다. 그런데 지금은 술에 취해 거리에서 비틀거리는 사람들을 보면 불쌍하다는 생각이 듭니다. 또 하루에 담배를 두 갑씩 피웠었는데, 이제는 담배 냄새를 맡으면 속이 역겨울 정도로 싫습니다. 그뿐만이 아닙니다. 화가 나면 곧바로 아내에게 고함을 질러댔던 제가, 지금은 나긋나긋한 목소리는 기본이고, 집안일까지 아주 잘 도와줍니다. 하나님이 저를 이렇게 변화시키셨습니다."

이 고백이 자연스럽게 들리기 시작한 때는 우리 교회가 가정교회로 전환하면서 남자 성도들을 목자로 임명하면서부터입니다. 누가 강요한 것도 아닌데 주일마다 주방에는 배가 불룩하게 나온 아저씨(?)들이 땀을 뻘뻘 흘리면서 설거지를 하고, 식사를 마치면 무거운 식탁을 번쩍번쩍 옮기고 청소를 합니다. 이러한 모습을 볼 때마다 '이보다 더 아름다운 그림이 있을까?'라는 생각을 합니다. 남자가 믿음의 지도자로 바로 서면 자녀들은 어깨를 펴고 신앙생활을 하게 됩니다. 또한 남자들이 결단하고 눈물로 기도하며 교회의 기둥이 되어 하나님을 섬길 때, 말 그대로 십자가의 군대가 될 것입니다.

교회는 관광을 위한 유람선이 아니라 피 흘리기까지 싸워서 이겨야 하는 영적 군함입니다. 그러니 듬직한 남자들이 전방에 나서야 하지 않겠습니까?

담임목사를 돕는 방법

지난 주일 저녁, '생명의 삶' 개강 시간에 자기소개와 '삶 공부'를 시작하게 된 동기를 이야기했습니다. 그중에 몇 분이 아직 구원의 확신이 없고, 성경도 잘 모르고 믿어지지도 않는다고 하면서 그럼에도 불구하고 주일마다 어김없이 교회에 나오는 자신이 아무리 생각해도 신기하다고 했습니다. 그리고 교회에 나오는 여러 이유 중에 목사님의 설교가 재미있기 때문이라는 분도 있었습니다.

그 이야기를 듣고 제 기분이 어땠을까요? 엄청 좋았습니다. 여기서 '좋았다'는 것은 단순히 팬이 몇 명 늘어서가 아니라 그분들이 목사에게 마음이 열려 있고 신뢰가 쌓여가고 있다는 안도감 때문이었습니다. 성도들이 성경공부나 설교를 통해 구원의 확신을 갖지만 그 이전에 자신을 인도한 사람과 가르치는 목사를 신뢰하고 좋아하게 되면 그 사람 뒤에 계시는 하나님을 보고 더 쉽게 구원의 확신을 갖게 됩니다. 그날 구원의 확신이 없다는 성도와 성경을 객관적 사실로 배우고 싶다는 성도를 보면서 영혼구원의 책임감과 함께 우리가 영혼구원에 최선을 다해야 한다는 생각에 사로잡히면서 한 번 더 담임목사의 역할에 대해 여러분의 도움을 꼭 받고 싶습니다.

최근 들어서 담임목사만 찾는 분들이 점점 늘어나고 있습니다. 자신의 집에서 드리는 예배를 담임목사의 시간을 허락될 때까지 기다리겠다는 귀여운 협박 때문에 부목사님이 해야 할 일을 슬그머니 제 책상 위에 얹어두곤 합니다. 솔직히 싫지는 않습니다. 본래 저는 사람 만나는 것을 좋아하고, 라면 한 그릇이라도 여러 사람과 어울려서 먹기를 좋아합니다. 그렇지만 일일이 그럴 수 없고 그래서도 안 되는 것이 우리 교회의 구조입니다. 그래서 단호하게 선을 긋습니다. 오늘 이후로 저는 목자의 가정이 아닌 곳에서는 예배 인도를 하지 않겠습니다.

물론 장례와 결혼식과 이미 약속한 가정은 예외이지만 앞으로는 여러분의 목자를 찾으시고 필요하다면 교구 목사님께 부탁하십시오. 담임목사를 좋아하는 마음은 감사하지만, 제가 다른 사람의 역할에 끼어드는 것은 교회 전체로 보면 결코 바람직하지 않습니다. 우리 공동체를 알차게 만들기 위해서 담임목사를 독점하려는 마음을 조금씩 내려놓아 주십시오. 혹시 억울하시거든 빨리빨리 목자 하시기 바랍니다.

예수님의 마음을 시원하게 하는 교회

최근 일간 신문에 〈신선한 충격을 주는 교회〉라는 제목의 글이 실렸습니다. 내용은 분당에 있는 어느 교회가 2007년을 시작하면서 '우리 교회는 이제부터 다른 교회에서 오는 성도들의 등록을 받지 않겠다'는 겁 없는 발표였습니다. 그 교회는 개척 10여년 만에 2만 명이 출석하는 초대형 교회로 지금도 계속 성장하고 있습니다. 그 교회는 교회의 부흥이 하나님 앞에서 결코 옳은 일만은 아니라는 판단으로 믿는 사람들이 오면 잘 얘기해서 이웃에 있는 개척교회로 안내하고 오로지 불신자들만 등록받겠다고 합니다.

당연한 일이 당연하지 않은 현실에서 이런 아름다운 모습이 우리나라의 교회에서 생겨난다는 것은 기분 좋은 일입니다. 성도가 교회를 옮길 때는 많은 고민을 했을 것이고, 자기가 앉던 자리를 뒤돌아보고 또 뒤돌아보면서 내키지 않는 걸음을 옮겼을 것입니다. 그럼에도 불구하고 대형화된 교회나 대형화되어가는 교회일수록 작은 교회에 도움을 주는 교회가 되어야만 합니다.

조금은 교만한 생각일지 모르겠지만 우리 교회가 가정교회를 표방하면서도 이런 타성에 젖어드는 것은 아닌지 깊이 생각해 봅니다. 불신 영혼을 구원해서 예수님의 제자를 만드는 것이 교회의 존재 목적인데 불신자가 아닌 기존 신자들이 우리 교회로 온다면 저는 개척교회의 목회자들에게 미움의 대상이 될 것이고, 하나님이 보실 때에도 안타까울 것입니다. 아무리 말려도 기어코 오는 사람이야 어쩔 수 없겠지만 우리가 먼저 나서서 데려오지는 맙시다.

좀 늦으면 어떻습니까? 대형교회가 되지 않으면 어떻습니까? 중요한 것은 하나님을 모르는 사람들을 이 자리로 인도하는 것이고 예수를 몰랐던 사람들이 우리 교회를 통해 예수를 믿고 침(세)례를 받는 것입니다. 예수를 몰랐던 사람들이 나오고, 양육을 통해 믿음의 고백이 넘쳐나야 진정한 주님의 교회입니다. 그 출발점이 여러분의 목장에서부터 시작되기를 간절히 소망합니다.

우리 교회의 핵심가치

요즈음에 우리 교회를 부러워하는 사람들이 많아졌습니다. 다른 교회의 목회자나 교인들이 우리 교회에 대해 높은 점수를 주면서 닮고 싶어 합니다. 우리 교회의 인기 때문에 저도 여기저기에서 설교 요청을 받고 있습니다. 물론 교회 일을 감당하기에도 벅차서 외부 집회나 설교 요청에 응하지 못하지만 그래도 기분은 꽤 좋습니다. 총회 선교부에서는 선교에 헌신하는 교회라고 칭찬이 자자하고, 노회 산하의 교회들도 우리 교회의 섬김에 대해서 감사하고 있습니다. 교회 내부적으로도 매주 등록 교인들이 있어서 숫자는 점점 더 늘어나고 있습니다.

그래서 교인들은 날마다 부흥하는 교회라는 자부심을 갖는 것 같습니다. 사람들이 몰려오고, 선교에 최선을 다하고, 교인들끼리 아름다운 교제가 넘쳐나는 모습은 바람직하고 당연한 교회의 모습입니다. 하지만 우리 교회가 교회다워지기 위한 모습들인가에 대한 본질적인 문제에 대해서 우리 스스로 질문하고 모두 함께 고민했으면 합니다.

교회의 힘은 두 가지에 달려 있습니다. 첫째는 살아 계신 하나님과 교통하는 생명력이 있는 기도입니다. 둘째는 하나님의 소원인 영혼구원을 위해 애쓰고 있는가 입니다. 물론 좀 더디게 열매를 맺을 수 있습니다. 그런데 이 두 가지를 하지 않아도 교회가 성장한다고 생각하는 것 같아서 걱정입니다. 오히려 가만히 있는 것이 하나님을 돕는다고 생각하는지 기도해야 할 때, 전도해야 할 때 움직이지 않는 성도들이 더러 있는 것 같습니다. 교회의 생동감은 목장에 있으며, 목장의 힘은 불신 영혼을 구원하는 데에 있습니다. 불신자들이 하나님께로 돌아올 때에 간증이 있고, 그곳에 영광이 임하기 때문입니다.

한순간도 잊지 말아야 할 교회의 핵심가치는 영혼구원입니다. 목장이 아무리 재미있어도 이 사명을 잊는다면 마치 인명구조대가 더 이상 사람을 구조하지 않는 것과 같습니다. 잊지 않았으면 기도해야 할 것이고, 기도하면 반드시 움직일 것입니다. 영원한 가치를 위하여!

섬김이 행복한 이유

체험한 사람만이 아는 비밀을 하나 공개하려고 합니다. 지난 전도주일에 우리 교회에 온 윤형주 장로님과 저희 집에서 식사하면서 나눈 대화입니다.

"목사님, 구미남교회는 앞으로 더 잘될 것 같습니다."

"어이쿠, 장로님, 듣기에는 참 좋습니다만 무슨 근거로 그렇게 말씀하시는지요?"

"네, 제가 2천여 교회에서 집회를 했습니다. 믿음의 눈으로 얼핏 보이는 것이 있는데 그것은 시간이 지나면 선명하게 이루어지는 것을 분명히 보았습니다."

"장로님, 그게 뭐였습니까?"

"잘되는 교회와 부흥하는 교회는 언제나 선교가 우선인 교회였고, 성도들은 헌신을 기뻐했습니다. 구미남교회는 목장을 위해서 헌신하는 성도들이 많고, 선교비가 해마다 늘어가는 교회이기 때문에 잘될 수밖에 없습니다."

맞는 말씀이지요? 백 번 천 번 옳은 말씀이지요? 교회의 존재 목적이며 우리 교회가 추구하는 일을 윤형주 장로님을 통해서 검증을 받았습니다. 저는 새벽마다 우리 가정의 기도보다 목원들을 위해서 간절히 기도했습니다. 그러다가 목원의 가정에서 기도응답을 받았다는 이야기를 들으면 함께 기뻐하고 감사했습니다. 그런데 우리 가정에도 어느새 기도제목이 은혜롭게 응답된 것을 느낄 때마다 너무 감격스러워 온

몸에 전율이 흘렀습니다.

교회도 마찬가지입니다. 갚아야 할 빚이 있고 구입해야 할 물품도 많았지만 선교지의 필요를 거절할 수 없어서 최선을 다해서 보내주고 후원했는데 어느 순간에 우리 교회가 그렇게 원했던 모든 일이 넘치도록 채워지는 것을 보면서 감격하게 됩니다. 세미나를 위해서 가정을 열고, 온몸으로 수고하고 헌신하는 일이 시간적으로나 재정적으로 힘이 드는 것이 사실입니다. 그러나 이 일은 축복의 씨앗이요, 은혜의 통로라는 것을 체험한 사람만이 아는 비밀입니다.

수학적으로는 답이 나오지 않는 문제이지만 실제로는 얼마든지 넘쳐흐르는 축복이 섬김에 있습니다. 이것이 믿음의 비밀이고 은혜이기 때문에 우리는 기꺼이 섬길 뿐입니다.

목장 이름은 이렇게 지어집니다

우리 교회는 교회 안의 교회라고 할 수 있는 목장이 150여 개나 있습니다. 교회의 이름이 다르듯이 목장의 이름도 제 각각입니다. 생소하고 때로는 발음조차 어려운 이름도 있습니다. 목장을 처음 시작하던 때에는 목원들이 목장 이름을 지었는데 숫자가 얼마 되지 않아서 외우기 쉬웠고 이름도 정감이 있어서 쉽게 친숙해졌습니다.

그러다가 가정교회가 정착하고 본 궤도에 오르면서 한 목장이 한 선교지를 후원하고 기도하기로 결정한 후에는 좀 더 효율적으로 후원하고 기도하기 위해 선교지를 목장 이름으로 정했습니다. 그것은 목장에서 후원하는 선교사가 속한 나라의 이름으로 하기로 한 것입니다. 그런데 목장이 점점 분가되면서부터 선교지도 덩달아서 점점 더 많아졌고 목장 이름도 좀 더 구체적으로 지어야만 했습니다.

후원하는 선교사가 같은 나라일 경우에는 어느 도시에서 선교하느냐에 따라서 목장 이름이 정해지고, 나라와 도시도 같을 경우에는 더 작은 지역단위의 이름이 목장 이름으로 정해지는 것입니다. 그래서 복잡하고 발음하기에도 어려운 듀마게티, 뚜게가라오, 디야르바르크 등의 이름이 지어졌습니다. 상당히 국제적이고 구체적이지요?

말로만 세계를 품은 그리스도인이 아니라 기회가 주어진다면 권역별로 선교지에 대하여 팸플릿을 만들어서 정보를 나누고 함께 기도할 수 있는 실제적인 장을 만들어 보려고 생각하고 있습니다. 우리 교회는 이래서 좋습니다. 저 북방 얼음산과 대양 산호섬까지 온 세계 구석구석에 흩어져 있는 선교지가 우리의 목장 안에 들어와서 매주 실시간으로 기도할 수 있고 한마음이 되어 있으니까요.

사람을 감동시키는 두 가지

저는 우리 교회가 너무 좋습니다. 우리 교인들이 너무 좋습니다. 요즘 들어서 유난히도 여러분이 자랑스러운 두 가지 이유를 나누고 싶습니다.

첫째는 우리에게 있는 자연스러움입니다. 최근에 인터넷에서 우연히 우리 교회 이름을 검색해 보았더니 홈페이지 사용 횟수가 구미시의 교회 중에서 1위, 경북에서 1위, 전국에서는 17위라는 순위가 나왔습니다. 그게 무슨 대수일까 싶겠지만 그만큼 교회를 사랑한다는 증거가 아닌가 합니다. 이런 결과가 나오기까지 우리의 이야기를 홈페이지에 올리면서 서로가 웃고 울며 감동을 받는다는 뜻이겠지요? 사람들이 모이기를 즐겨하고 모임이 재미 있으려면 부담스럽지 않는 진솔함이 있어야 합니다. 자연스러움의 멋을 알아가고 있다는 이야기입니다.

둘째는 당당함입니다. 제가 말하는 당당함은 힘을 가진 자들이 큰소리치는 위협을 말하는 것이 아니라 오히려 그 반대입니다. 약한 부분을 감추려 하거나 없는 것을 있는 체하는 열등감을 넘어서서 이제는 자존감을 회복한 사람들이라는 뜻입니다. 물론 우리 모두에게 다 적용된다고 할 수는 없겠지만 적어도 우리 교회의 전반적인 분위기가 그렇게 흐르고 있기에 너무 감사합니다. 예를 들면 가정교회 세미나 때에 목자들이 보여 주는 헌신과 사랑입니다. 목자들 중에는 낯선 사람들에게 특히 목회자들에게는 감추고 싶은 부분이 얼마든지 있겠지만 자신의 약점을 개의치 않고 교회를 섬기려는 마음을 보면서, 많은 사람들이 감동받고 힘을 얻어서 돌아가는 것을 보았습니다.

세미나에 참석하는 사람들 중에는 집이 좁고 경제적으로 어려워서 하나님의 일을 하기가 어렵다고 했다가 세미나 기간 내내 자신들보다 훨씬 좁고 더 어려운 환경에서 며칠씩이나 섬김을 받으면서 감동받아 많이 울었다는 사람도 있습니다. 잘 사는 집을 보여 주고, 잘

하는 사역을 자랑하고 싶지만 그보다는 있는 그대로의 모습으로 부족하지만 최선을 다할 때 하나님께서 힘을 더하여 주시고 사람들은 감동을 받는다니까요.

예비 목자를 세울 수 없을 때

목장은 영혼구원하는 교회의 존재 목적이 이루어지는 곳입니다. 교회의 원형이라 할 수 있는 초대교회를 보면 분명히 그랬습니다. 집에서 모이는 것을 당연하게 여겼고, 그 집에서 음식을 나누면서 서로 교제하고 위로하는 가운데 사람들이 변화되기 시작했습니다. 변화되었다는 말은 예수님을 믿고 구원받고 주일 예배에 나오게 되었다는 뜻입니다. 초대교회뿐 아니라 2천 년 교회의 역사를 통해서 지금도 전 세계 곳곳에서 부흥의 역사가 일어나는 곳에서는 언제나 가정을 중심으로 모인 소그룹 운동이 있었습니다. 부흥의 출발 지점이었던 집에서 배우며 받은 은혜가 또 다른 사람에게 흘러갈 때 비로소 우리는 온전한 그리스도인이라고 할 수 있습니다.

이런 맥락에서 볼 때, 변화된 그리스도인이라면 목자가 이사를 가거나 1~2년씩 해외 발령 등으로 자리를 비우게 되면 섬길 수 있는 축복의 기회로 알고 당연히 기쁘게 목자로 섬겨야 합니다. 섬김만 받고 섬기지 않는 것은 아직도 예수 그리스도가 세상에 왜 오셨는지를 모르거나, 자신은 특별하기에 섬김 받을 만하다고 생각하는 성숙하지 못한 마음입니다. 하여간 목자의 자리를 메울 만한 예비 목자가 세워지지 않을 때는 목장의 목원들은 각기 다른 목장으로 정중하게 안내해 드리겠습니다. 여기서 안내해 드린다는 말은 교회에서 정해주겠다는 뜻입니다.

긴 시간 섬김을 받았으면서도 또 다시 자신을 섬겨줄 만만한(?) 목장만을 찾는다는 것은 예의에도 어긋납니다. 그런 목장에 대해서는 교역자들이 목장을 지정해 드릴 예정입니다. 물론 이런 상황을 알고 다른 목장의 목자(녀)가 정식으로 초청해 온다면 기꺼이 보내 드리겠습니다. 그렇지 않은 경우에는 자신과 교회 전체적인 흐름을 위해서 순종해 주시면 고맙겠습니다. 물론 아직 침(세)례를 받지 않으신 불신지나 초신자인 경우에는 우선적으로 배려하겠습니다. 섬김을 받았으니 이제는 섬기는 자리로 나아가는 것이 축복의 계단으로 올라가는 것임을 기억해야 합니다.

극장과 목장

저는 책 읽는 것도 좋아하고 가끔 영화도 잘 봅니다. 좋은 영화는 오랫동안 기억에 남고 배울 점도 많습니다. 즉 같은 줄거리를 가지고 어떻게 전개하느냐에 따라서 사람들이 감동을 받기도 하고 기억에 남을 수 있는 방법이 보이기 때문입니다. 실제로 영화는 사실이 아닌 이야기를 미치 사실인양 그럴듯하게 보여줌으로써 사람의 마음을 움지입니다.

이런 맥락에서 사람들이 어떤 영화를 좋아하는지를 알면 그 시대를 살아가는 사람들의 마음 상태를 알 수 있습니다. 요즈음 한국 영화의 주제는 대개 두 종류입니다. 바로 코미디와 폭력입니다. 왜 코미디와 폭력이 극장가에서 급속하게 유행할까 생각해 보았습니다.

그것은 현 시대의 사람들이 폭력을 통해서 대리만족을 하고, 코미디를 통해서 억지로라도 웃고 싶기 때문일 것입니다. 그만큼 한국 사회에서 살아가는 것은 억지웃음이라도 웃어야 할 만큼 힘들다는 것을 반증하는 것 같습니다. 현대인들은 스트레스가 많아 힘들고 정서적으로 메말라 있기 때문에 자신이 위로받을 수 있는 무언가를 찾아 나서며, 힘든 사회에서의 억압된 에너지와 정서를 영웅적인 투사를 통해 발산하고 싶어서 말초신경을 자극하는 거칠고 잔인한 폭력 영화를 봅니다.

영화는 실제가 아니기 때문에 여러 가지 한계가 있습니다. 그러나 교회는 사실을 들려주는 곳입니다. 억지로 만들어내는 말초적인 웃음이 아니라 우리 속에 있는 진정한 즐거움으로 회복이 일어나는 곳입니다. 폭력물을 통해서 순간적인 대리만족을 느끼거나 스트레스를 푸는 것이 아니라, 인격이 변화되는 거룩한 경험이 있는 곳입니다. 영화가 주는 저급한 웃음이 아니라 삶을 이해하는 참된 웃음이 목장에 있으며, 영화가 주는 대리만족이 아니라 우리의 인격이 변하는 목장이 있기 때문에 우리는 이 여름에도 힘을 낼 수 있습니다.

목장의 힘은 신실함에 있습니다

교회의 존재 목적은 영혼구원하여 제자 만드는 데 있습니다. 가정교회를 하는 이유도 여기에 있습니다. 문제는 이 일이 호락호락하지 않고 마음대로 잘 되지 않는다는 점입니다. 그러다 보니 영혼구원하여 예수님의 제자를 만들기보다는 이미 예수 믿는 사람들을 데려오고 싶은 유혹을 많이 받습니다. 기독교의 배경이 없는 사람이 목장에 나오기 시작하여 예수님을 영접하고 침(세)례를 받고 그가 다른 사람을 섬기는 목자로 사역하기까지는 대략 3년 정도가 걸립니다. 우리 교회 안에서 이런 과정을 거쳐서 목자가 된 사람들을 볼 때 목회자로서 얼마나 큰 보람을 느끼는지 모릅니다. 물론 이 일에 직접 협력하고 사명을 감당한 분들의 감회는 훨씬 더 클 것입니다.

한 영혼을 VIP로 정하고 그 영혼을 마음에 품고 기도하고 사랑으로 섬겨서 마침내 예수님을 영접하고 목자로 세움을 받아 함께 사역하기까지는 많은 눈물과 희생이 필요합니다. 이 열매는 포기하지 않고 끈질기게 기도하며 섬기고 또 섬긴 후에 주시는 하나님의 선물입니다. 영혼구원은 한두 번의 노력으로 되는 것이 아닙니다. 가끔 어떤 사람은 별다른 노력이 없는 것 같은데도 너무나 자연스럽게 사람들이 따르고 열매가 맺혀지기도 합니다. 그것은 그의 신실함 때문입니다. 신실함이란 몇 개의 단어나 짧은 문장으로는 결코 설명할 수 없는 한 사람이 신앙과 인격이 어우러진 그 사람의 전부라고 할 수 있습니다.

신실함은 교회를 출입한 기간과는 관련이 없고 직분에 따라 좌우

하는 것도 아닙니다. 또한 그가 얼마나 지식이 있는지, 말을 잘하는지, 심지어 얼마나 돈을 잘 쓰는지에 달려 있는 것도 아닙니다. 하나님이 신실하기에 우리의 신앙 인격이 믿을 만하고 따를 만할 때에 하나님을 향하게 되고 우리의 말에 신뢰를 줌으로서 한 걸음씩 하나님께로 이끌려 나오는 것입니다. 목장의 충만은 바로 이 신실함에 있습니다. 부흥이 안 되어도 자랑할 것이 없어도 한 사람 한 사람씩 변화하는 참된 기쁨을 맛보는 것이 곧 신실함입니다.

원칙을 지킬 때 리더십이 생깁니다

가정교회를 잘하면 모든 성도가 행복합니다. 성도들이 행복하면 자연스럽게 건강한 교회가 됩니다. 그리고 교회가 건강하면 우리의 사명인 영혼구원의 열매를 탐스럽게 맺을 수 있습니다. 확실히 가정교회는 우리 시대에 새롭게 발견된 성경에 있는 교회의 원형입니다. 많은 사람들이 "초대교회로 돌아가자!"라고 외치는데 그 내용이 바로 가정교회입니다. 초대교회가 가정교회가 아니라고 하는 사람이 있다면 얼마든지 토론할 용의가 있습니다.

우리 교회는 있는 그대로 문을 열어서 가정교회를 전수해 주는 모델 교회가 되었습니다. 일 년에 두 번 평신도를 위한 세미나와 목회자를 위한 가정교회 세미나를 개최합니다. 세미나가 끝날 때마다 큰 결심과 열정을 가지고 돌아가는 모습을 보면서 '과연 얼마나 성공할 수 있을까?'라는 기대와 염려를 동시에 가집니다. 세상일이 다 그렇겠지만 가정교회 역시 굳은 결심과 비장한 각오로 시작하지만 막상 어떤 교회는 잘되는데 어떤 교회는 오히려 더 혼란만 가져오기도 합니다.

왜 그럴까요? 왜 되는 교회가 있고 안 되는 교회가 있을까요? 안 되는 교회는 안 될 수밖에 없는 이유가 있습니다. 그들은 수없이 많은 핑계거리를 늘어 놓습니다. 지리적으로 꽉 막힌 동네라서 전환이 어렵다거나, 지도자들이 보수적이어서 어렵다거나, 교인들의 사회적 수준이 따라올 수 없어서 안 되고, 좋은 줄은 알지만 재정적으로 어려워서 안 된다는 등의 변명을 합니다. 그러나 되는 교회는 똑같은 상황에서도 은혜의 충만함을 간증합니다. 그 이유는 하나입니다. 배운 대로 원칙을 지키는 교회는 잘되지만 얄팍한 자기 생각이나 방법대로 하는 곳은 잘되지 않습니다.

목장도 마찬가지입니다. 영혼구원이 왜 안 되느냐? 왜 예비 목자가 세워지지 않느냐? 왜 나눔이 심드렁하냐? 이유는 하나입니다. 원칙을 모르거나 지키지 않기 때문입니다. 그 원칙은 섬기는 일이요, 순종이요, 자기희생입니다. 알지만 힘들어서 감당하기 어렵다면 눈을 들어서 원칙을 따라 십자가를 지신 예수님을 바라보십시오. 원칙대로 할 때 영혼을 구원하고 사람이 변화되는 영광을 맛볼 것입니다.

누구는 섬기고, 누구에게는 시켜야 하는가?

이웃이 목장을 통해서 예수님을 믿고 하나님의 자녀로 살 수 있는 것은 축복이고 특권입니다. 그래서 우리는 기꺼이 이 사명을 감당하려고 애를 씁니다. 그런데 가끔씩 얌체(?)들 때문에 속앓이를 하는 목자(녀)들이 있습니다. 식구들이 총동원이 되어서 섬기고 섬겼건만 알아주기는커녕 괜히 다른 목장과 비교를 하거나 은근히 섬김 받으려는 모습을 보면 속이 부글부글 끓는다고 합니다.

물론 예수님을 믿는 우리는 누구를 만나든지 섬기는 마음을 가져야 합니다. 왜냐하면 예수님께서 우리에게 본을 보여 주셨기 때문입니다. 그래서 잘 섬기는 교회에 은혜가 충만하고 잘 섬기는 성도들은 존경받게 되어 있습니다. 생각해 보면 오늘날 교회에 리더십이 약해지는 이유 중에 하나가 섬기는 대신에 세상적인 리더십으로 사람들을 다스리려고 하기 때문이 아닌가 생각합니다. 교회를 교회되게 하는 본질은 섬김의 리더십을 회복하는 것에 있습니다. 섬김을 은근히 이용하려는 사람들이 문제를 일으킵니다.

불신자는 하나님도, 영적인 비밀도 모르기 때문에 그 사랑을 알게 하려고 섬기고 섬기지만, 이미 하나님을 믿고 천국 백성인 것을 자부하면서도 섬김 받는 것만 좋아한다면 그 사람은 마치 중병에 걸린 환자와 같습니다. 교회는 하나님 나라를 연습하고 하나님의 능력을 체험하는 훈련소입니다. 그래서 불신자들이 섬김을 통해 예수님을 믿는 것처럼 기신자(이미 믿는 사람)들은 섬김을 통해 제자가 되어갑니다. 교회의 존재 목적은 영혼구원하여 제자를 만드는 것입니다. 교회를 오래 다닌 사람을 일방적으로 섬겨주기만 한다면 이들은 영적 어린아이로 머물게 될 것입니다.

현대교회가 제자 만드는 데 실패하는 이유는 성도들이 지식은 충만하지만 섬김을 실천하지 않기 때문입니다. 목장의 기초는 섬김이지만 섬김의 형태는 지혜로워야 합니다. 즉 영혼구원과 제자 만드는 이 두 가지를 성취하기 위해서 구원의 확신이 없는 불신자는 섬기고, 기신자는 적절하게 일을 시켜서 제자로 자라나게 해야 합니다.

목자로 세울 사람이 없습니다

많은 사람들이 가정교회가 좋다는 것에 동의합니다. 우리 시대의 전도 방법은 오직 가정교회뿐이라고까지 합니다. 문제는 가정교회가 좋기는 하지만 아무나 하는 게 아니라고 반대 의견을 내는 이들이 더러 있다는 사실입니다. 그들은 자기 교회는 하고 싶어도 못한다고 합니다. 그 첫 번째 이유가 목자로 세울 만한 사람이 없기 때문이라고 합니다. 이유를 들어보면 그럴듯해 보입니다.

맞벌이하는 가정이 대부분이기 때문에 시간을 낼 수 없거나 설령 시간이 된다고 해도 하루 종일 일에 지친 부부가 목장을 한다는 것은 현실적으로 무리라고 합니다. 또, 집이 좁아서 다른 사람을 초대하는 것이 내키지 않고, 경제적으로 어려워서 집에서 목장 모인을 갖는 것을 엄두조차 내지 못한다고 합니다.

그런가 하면 남자들의 퇴근시간을 예측할 수 없거나 새벽까지 일을 하기 때문에 규칙적으로 모여야 하는 목장은 자신들의 형편에 맞지 않는다고 결론까지 내립니다. 그뿐이 아닙니다. 아이가 어려서 못하고, 아이가 여럿이라 못하고, 임신이 안 되어서 못하고, 임신해서 못하고, 집안에 어른을 모시고 살아서 못하고, 이웃이 좋지 않아서 못하고, 배운 게 없어서 못하고, 이사할 것 같아서 못하고, 요리에 자신이 없어서 못하고, 사람을 만나는 게 싫어서 못하고, 신앙의 경력이 짧아서 못하고, 나는 하고 싶지만 배우자가 안 된다고 해서 못하고, 끝까지 잘할 자신이 없어서 못하고, 경험이 없어서 어떻게 하는지 몰라서 못하고, 이래서 못하고 저래서 못하는 못할 만한 이유는 차고 넘칩니다.

만약에 이런 조건을 구미남교회에다 맞추었다면 우리는 시작조차 못했을 것입니다. 그럼에도 불구하고 복 주실 하나님을 바라보았기에 은혜 입은 사람이라면 목자로 헌신했습니다. 앞으로도 계속 그렇게 순종할 것입니다. 갓난아이를 둘씩이나 업고 목녀를 하며, 집사 직분조차 받지 않은 초신자도 헌신을 했고, 집이 좁으면 좁은 대로, 나이가 많아도 모범을 보이기 위해 순종했으며, 아이들의 숫자가 어른들보다 많았기에 목장의 미래는 밝다고 생각하며 오늘까지 달려 왔습니다.

"그럼에도 불구하고 순종합니다."

이것이 교회를 교회되게 하는 능력의 출발인 것을 우리는 알고 있습니다. 그래서 여러분이 자랑스럽습니다.

교회에 등록하면 반드시 지켜야 할 사항

영혼구원은 예수님을 모르거나 예수님을 믿지 않는 사람에게 예수님을 소개하여 그들이 믿음으로 예수님을 영접하는 것입니다. 제자가 된다는 것은 예수님을 믿은 사람이 하나님 나라를 위해 영적 싸움터에서 당당하게 이길 수 있도록 십자가의 군병이 되는 것입니다. 이렇게 말하는 것은 교인인 것은 인정하지만 성경이 말씀하는 구원의 확신과 예수님의 제자 됨에 있어서 잘못된 지식을 가지고 교회를 다니는 사람들이 있기 때문입니다.

교회는 축복을 쇼핑하기 위해서 기웃거리는 마트가 아닙니다. 교회는 병든 영혼을 고치는 병원과 같으며, 전쟁터에서 싸워 이기기 위해서 훈련받는 곳과 같기 때문에 대충하거나 내 마음대로 행동해서는 안 된다는 뜻입니다. 가끔 마치 선심 쓰듯이 교회에 등록하는 사람이 있습니다. 그래서 자신의 생각이나 주장대로 교회가 따라 주어야 되는 것처럼 함부로 하는 사람들도 있습니다. 그렇지 않습니다. 교회의 주인은 하나님입니다. 우리는 주인 되신 하나님을 기쁘시게 해야 합니다. 교회는 한두 사람의 욕구를 채워주거나 비위를 맞추기 위해서 존재하지 않습니다.

그러므로 최근에 이사 오셔서 등록하였거나 오랫동안 낙심 중에 있다가 믿음을 회복하기 위해 교회에 다시 나오셨다면 반드시 다음 사항을 지켜주셔야 우리 교회의 교인이 될 수 있습니다.

첫째, 목상은 의무적으로 소속이 되어야 합니다. 그 이유는 마치 진학 온 학생이 운동장이나 나무 그늘에서만 서성거리고 교실에 들어오지 않는다면 공부할 뜻이 없는 것처럼 보이기 때문입니다.

둘째, 교회에서 제공하는 '삶 공부' 시리즈에 들어오셔야 합니다. 삶 공부를 해야 하는 이유는 우리 교회의 철학을 공유하고 자신의 믿음생활이 현실의 생활에서 흔들리지 않고 자라도록 도와주는 과정이기 때문입니다. 교회에 나오는 것을 이방 종교처럼 마음의 위로를 받는다고 생각하는 한 믿음은 자라지를 않습니다.

교회는 영적 전투 현장에서 한 사람 한 사람이 싸워서 이기며, 전우의식을 가지도록 훈련받는 곳이기에 당연히 질서에 따라야 합니다. 이렇게 해야만 우리 교회의 교인인 것을 아시기 바랍니다.

목장은 교회입니다

이미 대부분의 성도들이 잘 알고 있는 이야기를 다시 할 필요가 생겨서 가정교회 이야기를 하려고 합니다. 알고 계시는 성도들은 원칙을 한 번 더 확인을 하시고 잘 몰랐던 성도들은 진지하게 받아 들여 주기를 바랍니다.

먼저 '원칙'이라고 말씀을 드리는 이유는 한 교회를 섬기면서 예외없이 지켜주어야 하기 때문입니다. 내 기분이나 욕구에 따라서 마음대로 행동하면 나는 좋을지 몰라도 다른 사람들은 혼란을 겪게 되고 더 많은 수고를 해야 합니다. 전체를 위해 개개인이 지켜주어야 하는 최소한의 질서라는 뜻입니다.

이 원칙에 근거해서 소그룹으로 편성된 목장은 우리가 하나님을 섬기듯이 지체를 섬기는 사랑의 훈련장이요 또 하나의 교회입니다. 그래서 우리 교회에 등록하는 성도는 당연히 목장에 소속이 되어야 하고 목장에서 성숙한 신앙을 배우고 내적으로 성장해야 합니다.

여러분이 소속된 목장은 진리의 터 위에 세워진 교회입니다. 교회의 주인은 당연히 예수 그리스도이시며 우리 모두는 주인 되신 예수님을 기쁘시게 해드리는 일을 위해 서로가 서로의 필요를 채워주는 섬김을 실천하는 곳입니다.

믿음이 있다고 하면서도 섬김을 모르거나 섬김을 받으려고만 한다면 그 사람은 그리스도인이 아니라고 말할 수 있습니다. 내가 주님에게 받은 은혜를 따라서 이제는 다른 지체를 섬기는 것은 너무나 당연합니다. 섬김을 실천해서 우리 가운데에서 역사하시는 예수님을 체험해야 합니다. 그러므로 목장을 내 개인의 생각이나 감정을 따라서 함부로 옮겨 다니거나 마음에 들지 않는다고 너무 쉽게 옮기는 것은 주님의 몸 된 교회를 해치는 행동과 같습니다.

목장에 참석해서 기분 해소를 하거나 경제적인 어떤 욕심을 위해 목원을 이용하려는 마음이라면 결코 믿음의 은혜를 체험하지 못할 것입니다. 목장은 믿음의 분량만큼 낮아지고, 자연스럽게 희생하는 믿음입니다. 훈련소를 마음대로 옮겨 다니는 군인은 이미 군인 자격을 잃은 것과 같습니다.

사람이 교회다

우리는 살기 좋은 시대를 살아가고 있습니다. 작금의 우리나라는 전 세계 어느 나라에도 뒤지지 않는 풍요와 편리함을 누리고 있습니다. 그중 하나가 대형마트가 아닐까 생각합니다. 대형마트에 가면 모든 물건이 준비되어 있고, 저렴한 가격에 구입할 수 있고, 최선의 서비스를 제공받을 수 있습니다. 그리고 간섭이나 눈치를 보지 않고 마음껏 쇼핑을 할 수 있습니다. 이런 혜택을 누리다 보니 교회도 마트처럼 생각하는 사람이 있는 것 같습니다.

그래서 교회를 옮길 때 얼마나 좋은 건물을 가지고 있으며 그 교회의 목회자들이 얼마나 좋은 서비스를 제공하는지를 보는 듯합니다. 언제부터인지 교인들은 서비스를 제공받는 소비자로 전락했습니다. 그래서 교회는 소비자의 욕구를 충족시키기 위해 다양한 필요를 따라서 전문 사역자를 고용하고, 교회 예산을 지출합니다.

소비자 입장에서 교회를 생각한다면 당연한 일이겠지요? 내가 낸 돈이니까 나를 위해서 쓰고 내가 이 교회를 위해서 많은 헌신을 하니까 교회는 당연히 나의 필요를 충족시켜 주어야 한다고 생각하여 필요가 채워지지 않으면 미련 없이 더 좋은 서비스를 제공하는 교회로 뒤도 돌아보지 않고 옮겨가는 것 같습니다.

성경은 교회를 성도들의 필요를 충족시켜 주는 문화센터도 아니고 대형마트 같은 곳이어서는 안 된다고 말합니다. 교회는 내가 희생해서 주님이 보이는 곳이고, 잃어버린 영혼을 구원하는 인명구조대와 같은 곳입니다. 인명구조 대원의 관심이 시설이나 돌아올 이익만을 바란다면 그는 사명감이 없는 문제 있는 사람입니다. 구조 대원의 관심은 온종일 즉시 출동하여 있는 힘을 다해 위험에서 건져내어야 할 사람들에게 있어야 합니다.

목장과 교회는 인명구조 대원처럼 잃어버린 영혼을 구원하는 일에 최선을 다해야 합니다. 교회는 이 일을 위해서 존재하며, 우리 한 사람 한 사람은 그 중심에 서 있어야 합니다. 교회는 사람을 살리는 곳입니다. 건물이나 프로그램은 단지 교회를 교회되게 하는 보조 역할일 뿐입니다.

교회가 추구하는 세 가지

철학에서는 인간을 지·정·의를 가진 존재라고 정의합니다. '지·정·의'란 사람은 동물과는 달리 마음에 있는 세 가지 요소인 지성(知性), 감성(感性), 의지(意志)가 조화를 이루는 존재라는 것입니다.

따라서 사람이 사람 대접을 받으려면 무언가를 알아내고, 부단히 노력하여 그 아는 것을 혼자의 것으로만 삼지 않고 다른 사람과 공감하면서 서로 소통할 수 있어야 하고, 한걸음 더 나아가서 자신이 아는 것과 느끼는 지식을 삶의 현장에서 실천하는 의지가 있을 때 비로소 사람으로서 존중히 여김을 받는다는 뜻입니다.

이런 철학적인 맥락에서 우리의 신앙과 교회생활도 적용할 점이 많습니다. 믿음의 출발은 하나님을 아는 것에서부터 시작이 됩니다. 하나님이 누구시며 그 하나님께서 무엇을 하셨는지를 알지 못하는 사람이 하나님을 믿는다는 것은 불가능합니다. 두 번째로 내가 개인적으로 하나님을 알고 믿었지만 내 주변의 사람들이 온통 실망감을 안겨 주거나 믿는 사람들과는 전혀 말이 통하지 않을 때에 내가 지성으로 알고 있는 하나님이 큰 의미를 주지 않습니다.

그런데 내가 알고 있는 하나님을 누군가와 아름답게 나누면서 실천적인 삶을 살아갈 때 치우침이나 흔들림이 없는 균형 있는 신앙의 삶을 살아갈 수 있습니다. 그래서 우리 교회에서는 지성적인 면에서 '삶 시리즈'를 공부하고, 감성적인 삶을 위해서는 목장을 통해서 서로 간에 믿음의 풍요로움을 체험하게 하며, 우리가 아는 것과 느끼는 것들에 대해 주일 예배시간을 통해 다시 한 번 믿음으로 결단하는 의지적인 시간을 갖습니다. 이 세 영역에서 균형을 이룰 때 믿음의 세계가 풍성해지며 감사의 제목도 많아질 것입니다.

주일예배를 통해 믿음의 결단을 하고, '삶 공부'를 통해 신앙의 지식을 공급받고, 목장의 나눔을 통해 마음에 응어리진 것을 내어놓고 함께 기도해서 날마다 새로워질 수 있었으면 좋겠습니다.

잘하기보다 바르게 하기

사람의 마음 깊은 곳에는 주변 사람들에게 인정받고 싶은 욕구가 있습니다. 그래서 열심히 공부도 하고, 예쁜 옷으로 난장도 하고, 긴 시간을 들여서 화장을 합니다. 열심히 운동해서 건강한 몸도 만듭니다.

인정받고 싶은 마음이 나쁜 것은 아닙니다. 인정받는다는 것은 살아 있음에 대한 자기 확인으로 긍정적인 평가를 받는 것은 아주 좋습니다. 그러나 그것이 지나치면 자신도 버겁고, 주변까지도 피곤하게 만들 수 있습니다.

믿음생활도 예외는 아닌 듯합니다. 아예 무디거나 능력이 부족한 사람들은 믿음으로 사는 삶에 관심이 없고 인정받으려고 애쓰지도 않기 때문에 문제도 일으키지를 않습니다.

그런데 능력 있는 목사나 목자들이 종종 문제를 만들곤 합니다. 그들은 개인적으로 지적 능력과 열심이 탁월합니다. 하지만 목양지를 오래 섬기지 못하고 임지를 쉽게 옮기거나 아예 그만두고 새롭게 교회를 개척하여 사서 고생하기도 합니다. 왜 본인도 힘들고, 주변 사람까지 힘들게 할까요? 제 생각에는 너무 잘하겠다는 지나친 의욕이 현실을 휘젓기 때문입니다.

잘하고 싶은 욕구는 누구나 있습니다. 하지만 그 마음이 지나칠 때 다른 사람을 힘들게 만들 수 있습니다. 좀 더디더라도 천천히 걷고, 잘하기보다 바르게 하려는 마음을 가질 때 지치지 않고, 포기할 이유도 없을 것입니다.

목회와 목상의 사역이 본래부터 힘든 것을 전제하고 있다면, 쉽게 포기하거나 지친다고 말해서는 안 될 것입니다. 멀리 내다보면서 한걸음 한걸음 뚜벅뚜벅 걸어갑시다. 머지않아 은혜가 샘물처럼 솟아오를 것이고, 힘들지만 바르게 하려고 애쓸 때 남들이 모르는 위로가 우리 가운데에 넘쳐날 것입니다.

빠르기보다는 바른 방향 잡기

현대인들은 각박한 사회 구조 속에서 남에게 뒤처지면 안 된다는 경쟁심 때문에 마음이 급해지는 것 같습니다. 그래서 밤을 새워 공부하고, 좋은 학교에 입학하려고 기를 쓰고, 첫 직장과 사업의 시작을 잘하면 탄탄한 미래가 보장되어 있을 거라는 꿈을 꿉니다. 그럴 수 있는 여건과 능력을 갖출 수 있다면 좋겠지만 능력은 부족한데 뒤처지지 않으려고 애쓰다 보니 인생이 힘들어집니다.

저는 스물다섯 살에 대학에 입학했습니다. 남들보다 출발이 많이 늦었습니다. 그런데도 저는 시골에 계신 부모님께 무거운 짐을 지워 드리지 않으려고 학비를 벌기 위해 휴학하고 해외 근로자가 되어 사우디아라비아에 가서 일 년 동안 일했습니다. 학교 기숙사에서 짐을 빼기 전날, 밤새 운동장을 뛰면서 표현할 수 없는 서러움 때문에 엉엉 울었습니다.

그리고 7년 후 신학대학원을 졸업할 때 비교적 편하게 목회할 수 있는 도시 교회의 부교역자 자리를 구했지만, 구하지 못해 시골의 작은 미자립 교회로 갔습니다. 장년 교인을 두 손으로 셀 수 있는 작은 교회였기 때문에 목회에서는 별로 바쁠 일이 없어서 교회 지붕에 페인트칠을 하기도 하고, 마당의 잡초를 뽑으면서 하루를 보내기도 했습니다. 교인들이 공부 못해서 시골로 왔다고 평가할 때는 애써서 웃음을 짓기도 했지만 딱히 변명할 말이 없었습니다.

일이 힘들어서 고통스러웠던 것도 아니고, 사람이 없어서 외로웠던 게 아니라, '나는 점점 밀리고 있구나'라는 조바심 때문에 젊은 날의 마음은 늘 서두르기만 했습니다. 그런데 나이가 조금 더 들어서 생각해 보니 그때 늦어짐을 선택한 것이 잘못이 아니고, 내 인생을 뒤처지게 한 것이 아니라 오히려 인생의 주춧돌을 바르게 놓았던 시간이었음을 알았습니다.

우리는 늘 시간에 쫓기면서 살아갑니다. 그래서 하루에도 몇 번씩 바쁘다는 말을 하면서 일단 빨리 간 후에 이야기하자고 합니다. 그러나 먼저 간 것을 성공했다고 말할 것이 아니며, 늦게 간 것을 실패했다고 말할 것도 아닙니다. 특히 가정교회의 목회는 더욱 그렇습니다. 속도 경쟁에서는 밀릴 수 있지만 방향은 제대로 잡았기 때문에 오히려 여유가 생기고 마음에 기쁨이 넘칩니다. 왜냐하면 성경에 나와 있는 원칙이요 하나님의 마음을 시원하게 하는 일이니까요.

우리의 집을 작은 교회가 되게 합시다

사람이 한 생애를 사는 날 동안에 성공하여 다른 사람들의 부러움의 대상이 되는 사람도 있고, 실패해서 부끄러움을 당하는 경우도 있습니다. 그 성공과 실패의 기준은 사람마다 다르고 삶은 매우 다양합니다. 돈 욕심이 많은 사람은 부자가 되는 것을 성공으로 여기고 죽기살기로 돈을 모으고, 권력을 잡으면 성공이라고 여기는 사람은 온갖 방법을 동원해서 높은 자리에 오르려고 합니다.

그러나 그런 대부분의 성공은 자신이 정한 기준이기 때문에 진정한 성공자라고 할 수 없습니다.

참된 성공은 가정의 행복에 있습니다. 돈이 좀 부족하거나 사회적인 지위와 권력, 지식이 부족해도 가정이 행복하고 가족으로부터 존경받는다면 그는 진정한 성공자입니다. 그런 의미에서 하나님은 사람들에게 가정을 허락해 주셨고 가정의 원리에 대해서 많은 말씀을 하셨습니다.

성경의 수많은 사건과 인물을 통해 하나님은 우리의 가정을 믿음으로 바로 세우고 가정에서 하나님이 보이는 삶을 살라고 말씀하셨습니다. 행복의 출발도, 성공의 종결점도 우리의 집에 있습니다.

성경은 가정을 바르게 세우려면 우리의 집을 교회가 되게 하라고 말합니다. 실제로 초대교회 성도들은 자신의 집을 열어서 지나가는 나그네를 대접하고 전도했고, 믿는 사람들끼리는 집에서 날마다 모일 정도로 집이 교회가 되는 삶을 살았습니다. 그래서 '네 집에 있는 교회'라는 말씀이 성경 곳곳에서 보입니다.

2천 년간의 교회 역사를 볼 때 집에서 모이는 것을 즐거워하고 그 집에서 믿음의 삶이 적나라하게 드러날 때는 교회가 부흥했지만, 문을 잠그고 다른 사람의 출입을 막기 시작하면서부터 교회는 힘을 잃어갔습니다.

'다시 복음 앞으로!' 나아가려면 우리의 집이 작은 교회가 되어야 합니다. 우리의 자녀들이 천국을 생각할 때마다 우리의 집과 같을 것이라고 상상한다면 성공한 집입니다. 새해에는 우리 교회의 모든 집이 교회가 되어가는 꿈을 꿉니다. 사랑하시는 성도들과 함께!

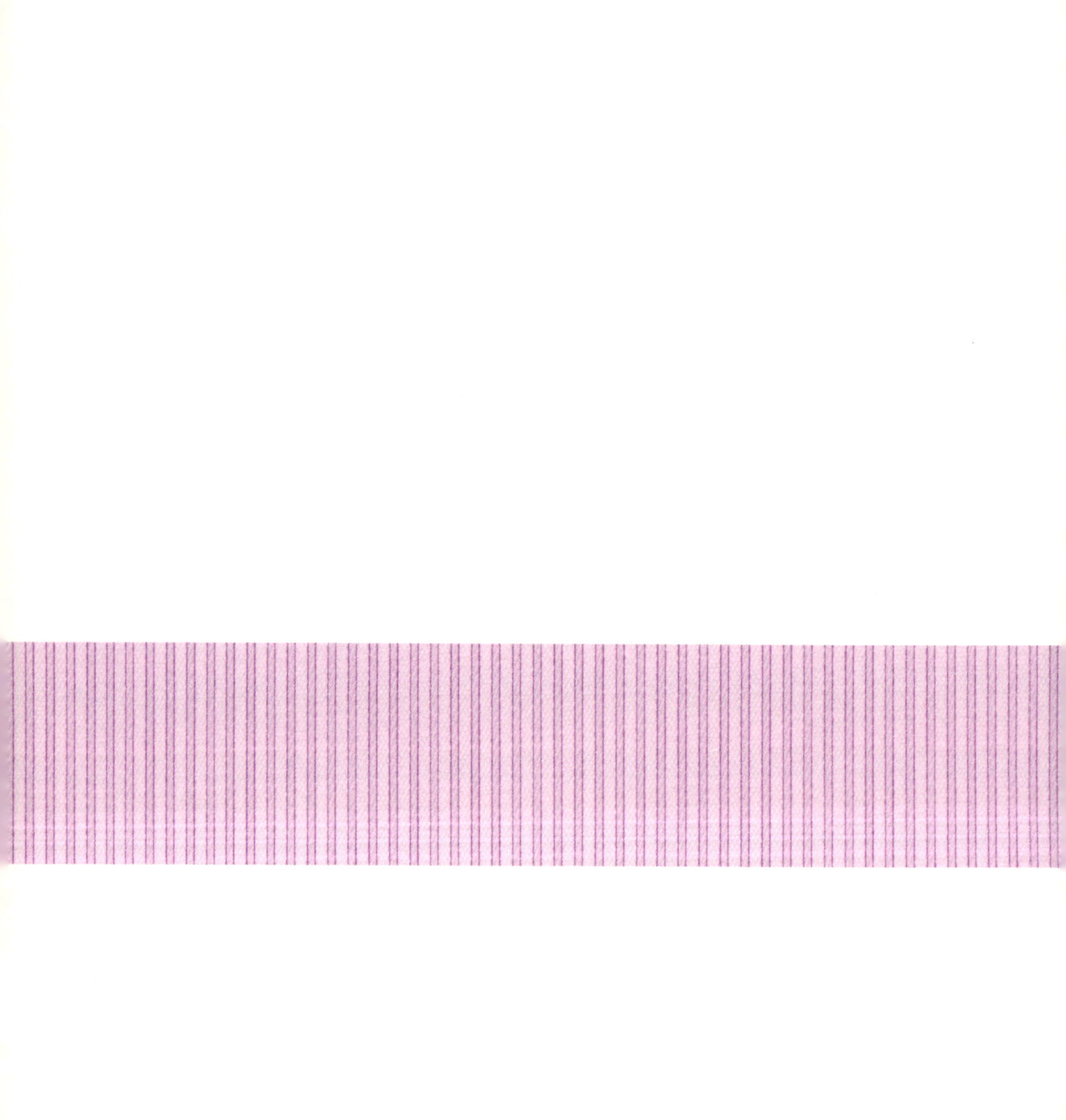

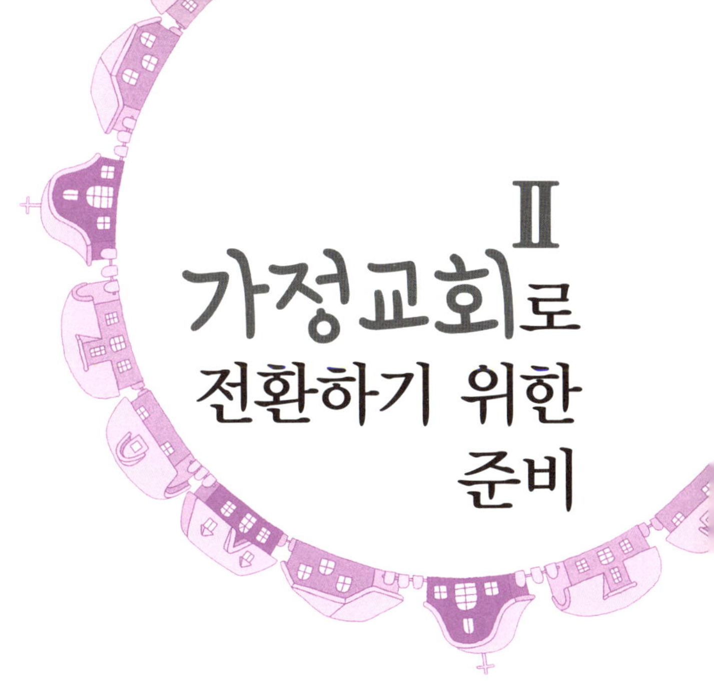

Ⅱ 가정교회로 전환하기 위한 준비

교회는 두 날개로 날아올라야 합니다 / 닮아 가고픈 교회 / 좋은 교회에서 들은 첫 번째 이야기 / 좋은 교회에서 들은 두 번째 이야기 / 보면서 배우게 하라 / 평신도 사역자를 세워가는 교회 / 닮고 싶은 목사님이 우리 교회에 오십니다 / '바로 그 교회'가 되기 원합니다 / 2004년에는 이렇게 달라집니다

Ⅱ
가정교회로 전환하기 위한 준비

교회는 두 날개로 날아올라야 합니다

교회 역사에 있어 지난 20세기에는 교회 안에 놀라운 부흥의 두 물결이 있었습니다. 그 하나는 복음주의권에서 일어난 제자훈련이고, 다른 하나는 전 세계적인 경배와 찬양입니다. 한국에서도 예외 없이 제자훈련과 경배와 찬양으로 짧은 시간 내에 수만 명으로 커진 여러 교회가 있습니다. 우리 교회 역시 제자훈련을 통해 그리스도인의 삶을 배우면서 경배와 찬양으로 하나님께 기쁨으로 나아가고 있습니다. 이 영향으로 예수 그리스도의 교회들은 건강해지고 좀 더 활력 있는 몸이 될 수 있었습니다. 그러나 이것만으로는 오늘날의 거대한 세속화의 물결을 극복하고 주님의 지상명령을 성취하기에는 역부족임을 절

감합니다.

20세기 말 전 세계 교회의 특별한 관심을 받고 있는 두 교회가 있습니다. 바로 미국의 윌로우 크릭 교회와 새들백 교회입니다. 이 두 교회의 공통된 관심은 불신자들을 능동적으로 복음화하기 위한 소위 구도자 중심의 열린 예배와 열린 소그룹을 교회 구조의 핵심으로 삼은 것입니다. 이 두 교회는 21세기의 교회 갱신의 새로운 모델로 떠올랐습니다.

교회가 세상을 향하여 적극적으로 제자를 삼는 이때에 전 세계 교회 지도자들의 비상한 관심을 모으기 시작한 것은 제자훈련(소그룹 구조)에서 한 걸음 더 나아간 셀교회 혹은 가정교회의 등장입니다. 사실 이 개념은 결코 새로운 것이 아니라, 사도행전의 초대교회를 표방하여 '집에서 모여' 성도들과 더불어 사랑을 나누고, 불신의 이웃들에게 복음을 전하는 초대교회로의 운동입니다.

이 운동의 대표적인 학자는 빅햄 박사와 랄프 네이버 박사입니다. 그들의 표현을 빌리면, 초대교회는 성전에서도 모이고 집에서도 모인 일종의 두 날개 교회였습니다. 새는 날개 하나로는 날 수 없습니다. 푸른 하늘을 향해 날기 위해서는 반드시 두 날개가 있어야 합니다. 두 날개로 날아오르는 새처럼 교회 역시 능력을 나타내기 위해서는 두 날개로 날아야 합니다. 교회가 주일 대예배에만 모든 에너지를 집중하고 성도들의 삶의 현장 한복판인 가정에서의 모임을 등한시한다면 한 날개로 허우적거리는 새처럼 추락할 것입니다.

두 날개 전략은 단순히 교회 성장이라는 측면이 아닌 교회 성수이라는 의미에서 중요성이 있습니다. 성숙하면 교회는 반드시 성장합니다.

닮아 가고픈 교회

신학공부를 할 때 전도사로 사역하면서 가장 큰 관심은 내가 닮고 싶은 모델을 찾는 일이었습니다. 사람은 많았지만 닮고 싶은 모델을 찾는 일은 생각만큼 쉽지 않았습니다. 많은 목사님과 훌륭한 분들은 언제나 있었지만 그분들을 감히 내가 따라 가기에는 너무 좋은 조건들을 가지고 있거나 너무 세련된 모습들이어서 저처럼 촌티를 날리는 사람은 흉내 내기에도 역부족이었습니다.

그러던 중 소천하신 울산교회의 박두욱 목사님을 개인적으로 존경하게 되었습니다. 신학대학원을 졸업할 즈음에 간곡히 부탁을 드려서 목사님 댁에서 3박 4일을 꼬박 보낸 적이 있습니다. 목사님과 함께 한 그 시간이 제 목회 여정에 큰 도움이 되었습니다. '어떤 경우에도 사람을 사랑하고 교회를 먼저 생각하라'고 하신 박 목사님의 말씀을 따라 살아가려고 애를 썼습니다. 박 목사님은 제가 작은 시골 교회에서 목회할 때에도 기꺼이 오셔서 힘이 되어 주신 스승입니다.

그 이후 다시 본받을 만한 목사님을 찾아서 대한민국 어느 곳이든 목사들을 대상으로 하는 세미나는 거의 참석해 보았지만 제 마음을 온전히 채울 만큼 마음에 와 닿는 분이 없었습니다. 좀 더 정확하게 말하면 제가 흉내 낼 수 없을 만큼 대부분의 목사님들은 완벽하고 탁월하며, 대단한 능력의 소유자였기에 저처럼 세련되지 못한 사람은 멀리서 바라만 보아야 했습니다.

그러다가 2001년 미국 휴스턴 서울교회의 세미나에 2주간 참석하면서 그 교회의 담임목사이신 최영기 목사님의 인품과 목회 스타일에 흠뻑 취해 버리고 말았습니다. 물론 최 목사님은 학문적으로 아주 탁월한 분이고, 사회적으로도 성공하셨고 연세도 많으십니다. 제가 목사님을 본받고 싶고 흉내 내고 싶은 것은 교인들을 사랑하는 마음과 누가 보아도 협력할 수밖에 없는 합리적인 목회 스타일입니다.

설교 이전에 설교자의 인격이라고 할 수 있는 그 무엇에 대한 매력이 있었습니다. 저는 매일 휴스턴 서울교회(www.seoulbaptist.org)의 인터넷 홈페이지에 들어가서 우리 교회가 본받아야 할 내용들을 마치 깊은 샘에서 길어 올리듯이 배우고 있습니다. 배우고 싶은 교회와 흉내 내고 싶은 목사님이 계시다는 것이 큰 행복입니다.

이 기회에 혹시라도 천 목사를 닮고 싶은 분이 계시다면 밥이라도 한 끼 사 드리고 싶습니다.

좋은 교회에서 들은 첫 번째 이야기

휴스턴 서울교회에 연수를 왔습니다. 세미나에 이어 일 년 만에 다시 왔습니다. 거리와 사람들이 조금 낯이 익습니다. 이곳에서 저는 공항에 마중 나와서 안내해 주신 집사님(침례교회니까 우리 식으로 하면 장로님)의 섬김에서 신선한 충격을 받았습니다.

그분은 마치 저의 개인비서라도 되는 것처럼 정중하게 승용차 문을 열고 닫아 주시면서 가는 곳마다 허리를 숙여 안내하시는데 불편할 정도였습니다. 후에 다른 분이 설명하기를 그분은 미국에서 제법 알려진 석유회사의 부사장까지 오른 분인데 조기 은퇴한 후에 목사님의 목회 비서로 종일 시간을 보낸다고 합니다. 더 놀라운 것은 목사님의 고등학교 4년 선배임에도 불구하고 너무나 겸손히 섬기는 모습에 할 말을 잃을 정도였습니다.

둘째 날에 만난 한 분은 자신을 소개하면서 교회에 등록한 지 이제 두어 달 정도 지났고 이 교회의 교인이 된 것이 행복하다고 했습니다. 가능하면 '믿음 없는 척, 불량한 척' 자신을 표시한다고 했습니다. 그렇게 하는 이유는 다른 교회에서 충실하게 신앙생활하다가 이 교회로 온 것을 알면 다른 교회로 가라고 하기 때문에 마치 교회에 처음 나온 사람인 것처럼 행동한다고 했습니다.

우스갯소리 같은 이 이야기 속에서 저는 교회의 본질을 발견했습니다. 교회 안에서 믿음이 없어 보이는 사람이 섬김을 받고 사랑받을 수 있는 곳이라면 분명 주님이 기뻐하시는 교회 본래의 모습일 것입니다. 믿음 있는 척, 대단한 척 하는 위선의 옷을 한 꺼풀 벗겨내는 것, 제가 받은 첫 번째 숙제입니다.

좋은 교회에서 들은 두 번째 이야기

이곳 휴스턴 서울교회는 일 년 내내 전도 주일이 단 한 번도 없습니다. 그런데도 지속적으로 새 가족이 넘쳐나고, 영혼구원을 일이나 직장이나 사업보다 더 우선적으로 여기는 성도들이 모인 교회로 느껴집니다.

그럴 수밖에 없는 것은 영혼을 구원하는 일이 특별한 시기에 해야 하는 행사가 아니라 그리스도인이라면 당연히 매일 관심을 가져야 하는 자연스러운 일로 받아들이기 때문입니다.

이 일을 조금 더 자세히 살펴보면, 우리의 구역을 이곳에서는 목장이라고 부르고 하나의 목장이 곧 가정교회이며, 인도자인 목자가 목장의 식구들을 책임지고 돌아보는 중에 전도와 해외 선교, 심방까지 감당하고 있습니다.

물론 우리의 구역예배와는 다르게 성경을 가르치는 것이 아니라 일주일 동안 어떻게 지냈는지, 힘들고 어려운 일은 무엇인지 서로 나누고 위로하는 중에 마음의 상처를 치유받고 격려하면서 기도하는 아름다운 시간들이 매주 금요일 밤마다 자정이 지나도록 이어지고 있습니다. 처음에는 대부분 두세 가정이 시작해서 여섯 가정, 열두 명을 넘어서면 다시 나뉘어져 또 다른 목장으로 나누어집니다.

목장이 나누어지는 것을 '분가'라고 하는데 목자는 개척하는 마음으로 믿음이 약한 한 가정을 데리고 나와서 개척을 하고, 기존의 식구들은 그중에서 섬김과 사랑이 풍성한 사람을 뽑아서 새로운 목자로서의 사명을 감당하게 됩니다. 너무나 자연스러운 방법으로 하나님을 알지 못하는 이웃들을 교회보다 먼저 자신의 집으로 초대해서 세상을 살아가는 아픔을 서로 나누면서 불신자들이 예수님을 믿게 하는 가정교회를 이루고 있었습니다.

이렇게 하나님을 몰랐던 분들이 가정교회에서 예수님을 믿는 일이 폭발적으로 일어나고 있습니다. "어떻게 이런 놀라운 일이?"라는 질문에 한결같이 "우리는 예수님을 가르치는 사람들이 아니라 내가 받은 사랑을 알지 못하는 사람들에게 조건 없이 베풀 뿐입니다. 다른 것은 없습니다"라고 했습니다.

지식이 아닌 섬김이 있는 곳에 하나님 나라가 임한다는 것을 생생하게 보고 있습니다.

보면서 배우게 하라

열심히 공부하는 학생도, 밤이 늦도록 일하는 직장인도 어느 순간에 모든 게 귀찮아질 때가 있습니다. 그러면 성적이 뚝 떨어지기도 하고, 남들이 부러워하는 직장도 이유 없이 싫어지기도 합니다. 우리 모두에게 문득문득 찾아오는 이런 생각은 마음속에 모델이 되는 사람이 없기 때문인 것 같습니다.

부모님을 보아도 그렇고 직장의 상사를 보아도 저렇게 재미 없이 고달프게 살아가는 인생을 위해 이렇게 땀을 흘려야 하나 싶어 자괴

감에 빠질 것입니다. 그런데 저는 이곳 미국에서 거룩한 모델들을 보며 감동을 받았습니다.

그것은 목사가 어떻게 살아가야 하는지를 비로소 느끼게 해준 어느 목사님의 모습이고, 다른 한 모델은 교회에서 성도가 보여주어야 할 진정한 모습의 집사님이었습니다.

안철우 집사님 부부는 금요일에는 가정교회가 끝나는 새벽 1시부터 5시까지 철야기도를 하고, 주일 저녁에는 중보기도회로 밤늦게까지 기도하면서 철저하게 겸손히 섬기고 있습니다. 더 놀라운 것은 주변에 예수님을 모르는 사람들을 집으로 초대해서 매주 하루는 정성껏 준비한 음식을 대접하며 일 년에 최소한 열 명 이상씩 전도의 열매를 맺고 있었습니다.

그 집사님은 예수님이 오늘 오신다면 주위에 지옥 갈 사람들이 아직도 많기 때문에 가만히 있을 수 없었다고 고백합니다. 이 분은 텍사스 의과대학의 교수이고 약학 계통의 컨설팅 전문가로서 한국에 있는 대기업의 계열사에서 부사장으로 오라는 요청도 받았지만, 교회를 섬기는 일이 더 우선이라 여겨 가지 않았다고 말했습니다. 그분은 많은 선교사를 후원하고 있었고, 이미 휴스턴 서울교회 젊은이들이 닮고 싶어하는 모델이었습니다.

기도와 전도, 그리고 사회에서도 자신의 자리를 분명히 지키고 있는 귀한 분과 어두워지는 휴스턴의 커피숍에서 많은 대화를 나누면서 다시 한 번 기도제목을 되새겨 봅니다

"하나님 아버지, 이 시대가 필요로 하는 거룩한 모델들이 많이 일

어나게 해주십시오. 나이가 들수록 '나도 저렇게 살고 싶고, 저 가정을 본받고 싶습니다'라는 본보기들이 자꾸만 자꾸만 생겨나게 해주십시오. 우리 구미남교회에."

평신도 사역자를 세워가는 교회

이 제목은 내년도 우리 교회의 표어입니다. 아직 여름휴가도 안 지났는데 무슨 내년 이야기를 하느냐고 반문하겠지만 이유가 있습니다. 30~40년 전에는 마을에 교회가 하나씩 있었고 그 교회는 마을 사람들의 쉼터가 되었고, 믿는 사람들에게는 정신적 지주였습니다.

목사인 제가 이런 말을 한다는 것이 심히 부끄럽습니다. 최근에 와서는 점점 평신도의 인격에도 미치지 못하는 목회자가 억지로 교인들을 이끌어가는 안타까운 모습을 가끔씩 봅니다. 물론 제 자신에게도 그런 모습을 발견하곤 합니다.

목사 고시 면접을 볼 때 이런 질문을 받았습니다.

"이제 목사가 될 텐데, 목사 노릇 하기 힘든 때가 언제일 것 같은가?"

"예, 설교는 거룩하게 하면서 실제로 설교와는 다르게 살아가는 제 자신의 위선적인 모습을 볼 때일 것 같습니다."

"예를 들면 언제가 그럴까?"

"예, 제 아내와 싸울 때입니다. 이제 목사가 되면 싸우지 않을 작정입니다."

말은 그렇게 했지만 지금도 가끔씩 싸우다가 서로 토라지곤 합니다. 말이 나온 김에 덧붙입니다. 기도와 생활이 일치하지 않고, 신앙고백과 살아가는 모습이 다를 때가 종종 있습니다. 이런 이중적인 모습으로 우리가 의로운 척하면 할수록 신앙의 기쁨을 누릴 수가 없기 때문에 이제는 좀 솔직한 삶을 나누어 보자는 의미에서 가정교회로의 변화를 시도하고자 합니다. 물론 이런 생각은 신학교 다닐 때부터 가지고 있었는데, 이제 제가 그려왔던 가장 이상적인 모델을 목회 현장에서 발견하게 되었습니다. 그래서 휴스턴 서울교회를 두 번씩이나 다녀오게 된 것입니다.

닮고 싶은 교회라고 해서 백 퍼센트 무조건 옮기려는 것이 아니라 함께 고민해 보고자 합니다. 읽으셔야 할 책은 『구역조직을 가정교회로 바꾸어라』와 『가정교회로 세워지는 평신도 목회』입니다. 교회가 교회다워질 때 우리의 믿음과 삶이 건강해질 수 있다는 것이 천 목사의 신앙 원칙입니다. 시간이 지날수록 원칙이 투명하고 그 원칙은 실천할 때에 사람이 모여든다는 믿음이 있기에 이미 검증된 교회의 사례를 통하여 아름답고 건강한 우리 교회를 꿈꾸어 봅니다.

닮고 싶은 목사님이 우리 교회에 오십니다

저는 초등학교 5학년 때 목사가 되겠다는 꿈을 꾸었습니다. 그런데 어른 예배에 참석하면서 흔들리기 시작했습니다. 어느 주일 오전 예배 시간에 목사님께서 오늘은 중요한 결정이 있으니 학생들은 교회에 남아 있지 말고 모두들 집으로 돌아가라고 했습니다. 저는 궁금해서 집에 가지 않고 예배당 창문 너머로 어른들의 일을 엿보다가 목사님과 교인들 사이에 일어난 엄청난 모습을 보고야 말았습니다.

빛바랜 흑백 사진처럼 오래된 일이라서 모두 기억할 수는 없지만 그때는 너무나 큰 충격이었습니다. 우리에게 '예배당은 거룩한 곳이니 발뒤꿈치를 들고 다니라'고 했고, '어떤 경우에도 장난을 쳐서는 안 된다'고 가르친 어른들은 그날 어린 제 마음을 송두리째 짓밟았습니다. 그날 목사 되기를 포기했지만 하나님의 강렬한 부르심이 있었기 때문에 훗날 직장생활을 그만 두고 목회자가 되었습니다.

그 이후에도 꼭 닮고 싶은 교회와 목사님이 잘 보이지를 않았습니다. 신학공부를 할 때는 주변의 모든 목사님이 한결같이 재능이 있어 보였고, 큰 교회들을 바라보면 나 같은 사람은 감히 엄두조차 낼 수 없는 기업처럼 보였습니다. 그때 저는 열 명이 채 되지 않는 시골 교회의 전도사로 섬기면서 〈공동체성 회복을 위한 작은 교회 목회론〉이라는 졸업 논문을 썼는데 아무도 거들떠보지를 않았습니다. 모두들 교회 성장만이 하나님의 뜻이라고 주장할 때 "아니다. 진정한 교회는 신약성경의 교회를 재현하는 것이며, 그 일은 작은 교회들이 합쳐져서 또 하나의 큰 교회를 이루는 것이다"라고 말했습니다. 당시에는 아득해 보이는 이야기였지만 저는 교회의 성장보다는 교회의 성숙에 관심이 있었습니다.

그러다가 최영기 목사님의 책을 접하게 되었고 두 번이나 휴스턴 서울교회를 다녀오면서 확신과 함께 실제를 보았습니다. 목사님은 이렇게 말했습니다.

"목사는 교인들을 행복하게 해주어야 하고, 교회는 성경의 원리를 따라 부단하게 영혼을 구원해야 합니다."

목사님의 더할 것도 뺄 것도 없는 순수함, 그 자체를 열심히 닮으려고 합니다. 누군가를 닮으려는 마음은 돈으로도 살 수 없는 큰 행복입니다.

'바로 그 교회'가 다가옵니다

저는 어릴 때 아버지를 많이 원망했습니다. 그렇다고 해서 드러내놓고 반항할 만큼 막돼먹지는 않았지만 마음속으로는 사랑도 관심도 없어 보이는 아버지 때문에 많이 서운했습니다.

그랬던 제가 세월에 떠밀려 결혼을 하고 이제는 두 아이를 둔 어엿한(?) 아버지가 되었습니다. 희한한 것은 나도 똑같이 우리 아이들의 생각과 다를 때가 많다는 것입니다. 그럴 때마다 아이를 붙잡고 아빠의 마음이 그런 게 아니라고 차근차근하게 설명을 해주면 금방 환하게 웃고 즐거워합니다. 그런데 저에게는 끝없이 이야기를 반복해야 하는 또 다른 자녀들이 있습니다. 바로 목회 현장에 있는 엄청나게 많은 양 떼가 나의 사랑과 혼을 필요로 하는 아이들입니다.

일일이 말로 할 수 없고 그렇다고 해서 나 몰라라 할 수 없는 일들에 부딪혀 힘들어 할 때마다 나는 어김없이 시골에 계신 아버지께 속죄하는 마음으로 전화를 드립니다.

"아버지, 전데요. 식사는 하셨습니까? 몸은 괜찮으시고요. 자주 못 찾아뵈어서 죄송합니다."

그때마다 아버지는 말씀하십니다.

"그래 교회는 평안하냐? 그러면 됐다. 우리 걱정일랑 말아라. 전화 요금 많이 나올 것 같구나. 끊어라."

수화기를 내려놓고 혼자서 되뇌입니다.

'아버지, 제가 아비가 되어 보니 이제야 아버지를 알 것 같습니다. 아버지는 저를 정말 사랑하셨더군요. 아버지, 고맙습니다.'

지난 주간에도 성도들의 많은 기대와 요구를 들었습니다. 다 맞는 말씀이지만 그 모든 것을 들어줄 능력이 없는 제 자신을 돌아보면서 어릴 적 아버지의 마음속을 조용히 들어가 봅니다.

저에게는 새로운 희망이 있습니다. 제가 아비가 되어 아버지의 심정을 알았듯이, 가정교회의 목자들은 목사의 심정을 헤아리게 될 것이라는 희망입니다. 그때 비로소 목자들은 좋은 동역자로서 우리 교회를 바르게 세워갈 것입니다.

인생에서 가장 의미 있는 것은 영혼을 돌보는 일입니다. 성경에 나타나는 수많은 가정교회를 향하여 누구누구의 집에 있는 교회라고 했던 것처럼 이제 우리 교회의 목자들을 통해 '바로 그 교회'들이 세워질 것이고, 행복한 성도들이 많아지리라고 꿈꾸어 봅니다.

2004년에는 이렇게 달라집니다

2004년에는 우리 교회가 바뀌는 것이 많습니다. 여러 번 광고하고 설명도 자세히 했지만 아직도 뒷북치는 분들이 있어서 좀 자세히 설명하겠습니다.

가장 큰 변화는 구역 조직이 가정교회로 전환되면서 목자(녀)의 역할이 커지는 것입니다. 이쯤에서 가정교회 이야기를 또 하면 잔소리가 될 것 같아서 생략합니다. 분명한 것은 오늘부터 편성된 목장으로 가셔서 정식 모임을 가지기 바랍니다. (행여 아직까지 목자의 연락을 받지 못해서 길을 찾지 못한 목원들은 교회 게시판에서 자신의 목자를 찾기를 바랍니다.)

2004년부터는 전 교인이 성경공부를 체계적으로 할 수 있도록 교역자들이 다양한 성경공부를 준비하고 있습니다. 물론 지금까지도 많은 분들이 열심히 공부한 것은 사실이지만 제자훈련이나 베델 성서반은 모든 사람이 공부하기에는 좀 어려웠던 것 같습니다. 그래서 이제부터는 누구든지 쉽게 공부할 수 있도록 13주씩 짧게 끊어서 여러 강좌를 개설할 예정입니다. (이렇게 짧은 기간조차도 따라 오지 못하면 어쩔 수 없이 재수강을 해서라도 다 하게 할 작정입니다.)

이제는 모두가 수료해야 하는 과정으로 정착시키려고 합니다. 관심을 가져 주실 것은 지금까지의 성경공부는 가방끈이 긴 사람들이나 교회 출입이 오래 된 분들에게 유리한 점이 많았지만 이제부터는 그 반대로 하려고 합니다. 즉 하나님에 대한 오해나 신앙에 대한 궁금증을 가지고 계신 분들의 질문에 성경으로 답을 드리고 실제로 적용하려고 합니다.

이런 차원에서 가장 본질적이고 기초적인 과정은 담임목사인 제가 맡아서 찬찬히 인도할 것입니다. 한 가지 꼭 기억해야 할 사항은, 담임목사가 인도하는 성경공부는 반드시 참여해야만 앞으로 우리 교회 교인 구실을 하게 할 것입니다. 모두 여러분의 행복을 위한 일이오니 불필요한 오해는 하지 않기를….

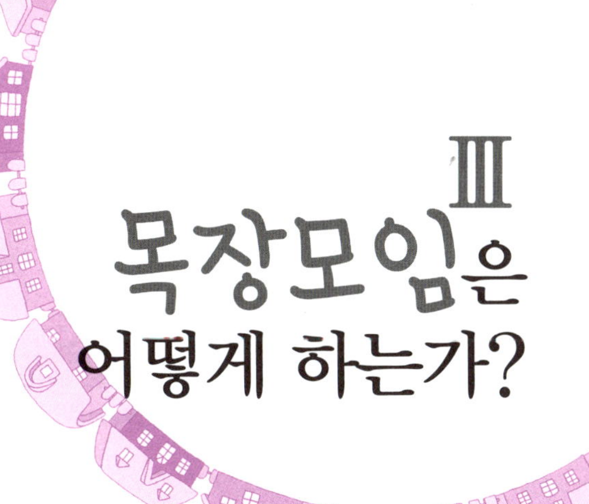

III 목장모임은 어떻게 하는가?

목장 모임이 재미있으려면? / 방향을 바로 잡아야 합니다 / 꼭 분가를 해야 하나요? / 목장은 '교회 안의 교회'입니다 / 목장 이름이 바뀐 이유 / 나눔의 은혜가 충만하려면? / 목장 분가식에서 받은 은혜 / 나눔이 좋은 이유 / 목장을 옮기고 싶습니까? / 부대끼면서 믿음이 자란다니까요? / 경험한 만큼 나누며, 본 만큼 소개하기 / 목장 장소를 조금씩 바꾸십시오 / 목장에 꼭 나가야 합니까? / 목장모임을 한번 점검해 볼까요? / 목장은 생명입니다 / 목자(녀)를 섬기십시오 / 목장에서 아이들은 어떻게 하나요? / 1인 1사역이 원칙입니다 / 연합목장은 절제하는 게 좋습니다 / 목자와 동역하십시오 / 목장이 행복하고 초원이 기다려지려면 / 사랑과 성숙은 동전의 양면과 같습니다 / 목장을 돌아가면서 해야 하는 이유 / 〈1박 2일〉과 목장 / 은혜의 시발 (始發)점을 잡으십시오 / 모두가 사역자입니다 / 원칙은 지켜야 합니다 / 나눔은 목장의 꽃입니다 / 목장을 은근히 피곤하게 하는 사람들 / 영적으로 교만한 사람 / 잡담과 나눔의 차이 / 친정집처럼 / 굳이 말하지 않아도 / 목장이 목자만의 사역이라고? / 목장에서 자녀와 시간을 이렇게 가지십시오 / 목장은 선택사항이 아닙니다 / 더 좋은 나눔을 하려면 / 초원을 재편성한 이유 / 초원이 활성화되어야 합니다

Ⅲ
목장모임은 어떻게 하는가?

목장 모임이 재미있으려면?

요즘 우리 교회는 목장으로 톡톡히 재미를 보고 있습니다. 그래서 한 주가 길다고 애교를 부리기도 하고, 심지어는 친정 식구들보다 목원이 더 사랑스럽다고 말하는 성도들도 있습니다. 이처럼 목장이 좋아진 이유는 목장이 하고 싶은 이야기를 시원하게 털어놓는 물꼬가 되기 때문입니다.

나아가 더 큰 기쁨은 누군가를 조건 없이 섬길 때 주어지는 잔잔한 은혜가 우리를 흥분시키는 것입니다. 목장은 성경에 있는 '네 집에 있는 교회'입니다. 가정교회가 재미있으려면 다음 사항을 고려해야 합니다.

첫째, 목장에서는 '떡을 떼라'는 말씀처럼 '간단하게라도 먼저 먹어야' 합니다. 물론 우리의 문화는 손님을 대접하는 것에 익숙해 있기는 하지만 조금만 친해지면 그렇게 하지 않기 때문입니다. 목장은 사랑의 친교입니다. 입이 열려야만 마음이 열린다는 것을 기억하시기를 바랍니다.

둘째, 목장은 '보고 배우는 시스템'이기 때문에 목자를 보면서 목원들이 따라갑니다. 즉 나눔을 할 때 목자(녀)가 먼저 지난 일주일 동안에 어떤 기쁨과 황당한 일이 있었는지를 털어 놓으면 자연스럽게 기도 제목으로 이어지는 풍성한 나눔이 될 것입니다.

셋째, 목장은 가르침이 아니라 '치유의 공동체'입니다. 그래서 누군가가 부부 싸움한 이야기를 하면 '아, 그러니까 그때는 이렇게, 혹은 저렇게 하라'는 식의 훈수가 아니라 오히려 '내게는 그보다 더 큰 아픔이 있었는데 하나님께서 나를 이렇게 회복시켜 주시더라'는 식의 경험을 말해야 합니다. (이론이나 그 자리에 없는 사람의 이야기는 절대 금물입니다)

넷째, 목장은 모두 참여하게 하고, 할 수만 있으면 '연약한 사람이 더 많이 나누도록' 비켜 서 주는 사랑이 필요합니다. 간혹 특정한 한두 사람이 훈장처럼 가르치려고 하면 연약한 사람은 아예 입을 다물 것이고 그러면 재미가 없어집니다.

목장의 승패는 재미와 감동에 있습니다. 그 재미는 우리의 솔직함에서 시작됩니다. 동시에 감동은 하나님의 은혜가 있을 때 가능합니다. 재미와 감동의 어우러짐이 주님 오시는 그날까지 쭈욱 우리 안에 흘러넘칠지어다. 아멘.

방향을 바로 잡아야 합니다

초창기 목회자 시절의 이야기입니다. 혼자서 목회를 하다가 교회가 조금씩 부흥하면서 아무래도 세대 차이가 있고 그들만의 교역자가 필요할 것 같아 두 명의 전도사와 함께 사역하게 되었습니다. 그때만 해도 촌발 날리는 저보다는 모든 면에서 세련미와 재치를 갖춘 전도사들이 그야말로 주일학교의 짱이었습니다. 그런데 몇 개월 후에 무엇인지는 정확하게 말할 수 없지만 아이들의 눈빛에서 무엇인가 부족한 것이 있다는 게 느껴졌습니다.

그게 무엇인지 찾아내지 못한 채 아이들의 최고 행사인 여름성경학교가 시작되었고 담임목사인 제가 개회 설교를 했습니다. 그날 나름대로는 최선을 다해 목소리도 한 옥타브 높이고 열심히 설교도 했습니다. 내심 교사나 아이들의 입을 통해 역시 "우리 목사님이 전도사님보다 더 잘한다"라는 칭찬을 은근히 기대했습니다.

그런데 설교에 이어 축도가 끝나자마자 전도사님이 오른손으로 마이크의 선을 휘감아 잡고는 아이들의 시선을 모았습니다. 그리고 큰 소리로 말했습니다.

"어린이 여러분, 오래도록 기다리셨죠? 이제 지루하던 시간은 끝나고 여러분이 기다리고 기다리던 즐거운 시간이 다가왔습니다." (아니, 내 설교가 그렇게도 지루하고 지루한 시간이었나?)

마침내 예배실이 떠나갈 듯한 환호와 함께 여름성경학교인지 오락시간인지 분간 못할 시간이 이어졌습니다.

그날 저는 소중한 것을 깨달았습니다. 도대체 무엇이 지루하며 무엇이 즐겁단 말인가? 이럴 수도 있단 말인가? 저는 묘한 배신감을 맛보았습니다. 그 전도사님의 재치와 아이들을 즐겁게 해주는 능력을 따라가지 못하는 자괴감도 없지않아 있기는 했습니다. 그러나 결국은 그게 아니라는 것이 시간이 흐르면서 드러났습니다.

오늘날 교회들이 전도가 안 되는 것은 재미가 없어서가 아니라 감동이 없기 때문입니다. 목장은 또 하나의 교회입니다. 재미만 따라가면 중요한 것을 놓치게 되고 지루하게 느낄 수 있습니다. 목장은 노는 곳이 아니라 은혜를 진솔하게 나누는 중에 그 감동이 우리를 하나로 묶어주는 사랑의 공동체입니다.

기다리고 기다리는 것이 무엇인가에 따라 목장의 승패가 달려 있습니다. 지금 여려분은 어느 방향을 바라보고 있으신지요?

꼭 분가를 해야 하나요?

"목사님, 꼭 분가를 해야 합니까?"

"분가를 하더라도 아직은 아닙니다."

"목사님께서 아무리 그렇게 해도 우리는 이대로 지낼 거니까 그렇게 아십시오."

심지어는 협박까지 합니다. 물론 목장이 재미있고 목원들이 사랑스러우니까 나누어지기 싫어서 이런 말들을 하는 것은 충분히 이해는 됩니다만 다음의 이야기를 들어보기 바랍니다.

시골에서 목회할 때 모종밭에서 시작되는 농사의 원리를 보았습니다. 요즘 막 수확하는 딸기는 늦은 봄에 튼튼한 모종 몇 포기들을 밭 한쪽에 옮겨 심습니다. 그리고 여름 내내 풀을 매고 거름을 주면서 온갖 정성을 다합니다. 정말 지칠 정도로 공을 들여 가꾸다 보니 가을이면 제법 넝쿨을 이루는 딸기밭이 됩니다. 저 정도면 내년에는 많은 딸기를 거둘 수 있겠다 싶은데도 농부들은 사정없이 그 줄기들의 순을 자르기 시작합니다.

그리고는 넓은 밭에 띄엄띄엄 한 줄기씩 떼어서 옮겨 심습니다. 언뜻 생각하면 넝쿨을 옮겨 심으면 울창하게 되고 많은 열매를 맺을 수 있을 것 같은데 실제로는 그렇지가 않습니다. 모든 식물의 열매는 그 해에 갓 나온 새순에 맺힙니다. 원가지는 영양분을 공급할 뿐입니다. 단감, 포도, 무화과 등 모든 것이 그렇습니다. 처음에는 이해가 되지 않았지만 몇 개월이 지나면서 엉성해 보였던 새싹들이 뿌리를 내렸고 드디어 꽃을 피우고 마침내는 탐스러운 딸기를 주렁주렁 맺기 시작했습니다.

그런데 가끔씩 게으른 농부들이 줄기를 떼어내지 않고 그대로 둔 모종밭을 보면 넝쿨들이 서로 엉키고 섞여서 제대로 열매를 거둘 수 없는 무성한 밭이 되어 있었습니다. 하나님의 모종밭인 교회도 마찬가지입니다. 신앙의 연륜이 있는 사람들끼리만 모여 있으면 비교하고 잘난 체하고 험담하고 불평하며 서로 엉키게 됩니다. 교회는 언제나 거룩한 나눔을 통해서 새순을 만들어 내야 합니다.

분명한 것은 좁은 모종밭에 모종이 많은 것을 자랑하는 농부, 혼기가 지난 자식을 여러 명 거느리고 있는 부모, 늘어난 목원의 숫자만 자랑할 뿐 분가에 대해서는 별 생각이 없는 목자들의 공통점은 열매의 기쁨을 모른다는 것입니다. 보장하건대, 목장의 진정한 힘은 분가를 경험한 후에 목장의 위력을 알게 됩니다.

목장은 '교회 안의 교회'입니다

최근에 교회에 등록하신 분에게서 재미있는 이야기를 들었습니다. 그분은 구미로 이사를 오면서 좋은 교회를 만날 수 있게 해달라고 간절히 기도했는데 하나님께서 자신의 기도를 들어 주셔서 좋은 교회에 등록하게 된 것에 대하여 참으로 감사하다고 했습니다. 그러면서 웃으면서 하시는 말입니다.

"목사님, 저는 한동안 아리송했습니다. '도시 교회인데 교회 안에 목장을 하는 분들이 꽤나 많구나'라고 생각했습니다."

우리는 다 아는 이야기이지만 목장은 교회 안의 교회로서 개척교회와 같은 끈끈한 사랑과 은혜를 풍성하게 나누려고 하는 신약성경의 초대교회를 회복하려는 애칭입니다. 오늘날의 교회가 현실적으로 대형화하지 않으면 주일학교 교육을 체계적으로 할 수 없고, 젊은이들의 재능을 충분히 발산시켜 줄 수 없기 때문에 교회는 어느 정도 규모가 있어야 하는 게 사실입니다. 몇 명만 모여도 어른들은 자신의 신앙을 지킬 수 있지만 아이들은 몇 명만을 모아 놓고는 교회 교육을 제대로 할 수 없습니다.

이런 문제로 교회가 점점 대형화되다 보니 같은 교회의 성도이면서도 서로에 대해서 잘 알지 못하고, 기도제목을 충분하게 나누지 못하는 약점이 있습니다. 이 약점을 보완하기 위해 목장의 목원들이 내 가족처럼 끌어안고 서로 사랑하며 위로하는 중에 놀라운 은혜를 체험하게 됩니다. 이제부터는 간단하게 축하할 일은 목장에서 모두 책임지시기를 바랍니다.

예를 들면 결혼식이나 장례식 등 교회 차원에서 이루어지는 일은 부목사님이나 제가 예배 인도를 하겠지만, 돌잔치, 개업, 이사 예배 등은 목장의 목자들이 인도하는 것을 원칙으로 하겠습니다. 물론 교역자들을 초대하거든 대표 기도만 하게 하고 간단한 설교는 목자들이 마음껏 하십시오. 누가 뭐래도 목원들을 최고로 사랑하는 사람은 목자입니다. 그 간절함으로 축복하면 훨씬 더 은혜로운 좋은 시간이 될 것입니다.

그렇게 몇 번 설교하는 중에 하나님께서 주신 놀라운 은사를 발견하고 목장을 넘어서서 더 넓은 초원지기의 사역까지 하게 될 것입니다.

목장 이름이 바뀐 이유

우리 교회는 많은 목장들이 있습니다. 교회 특징을 소개할 때, "목장이 60개가 넘으며 그 목장의 운영은 사회적으로 엄청 바쁜 일들을 하고 있는 남자들이 책임지고 있습니다"라고 말하면 듣는 사람들이 순간적으로 의아해 합니다. 그럴 수밖에 없는 것은 구미가 서울이나 부산에 비해서 조금 느슨하긴 하지만 교인들이 직접 운영하는 목장이 그렇게 많다는 것을 상상조차 못하기 때문입니다.

물론 요즘 세상이 어떻게 돌아가고 교회 부흥의 흐름이 어디로 향하는지에 대해서 민감한 분들은 목장이라는 말만 들어도 짐승을 키우는 목장이 아니라 소그룹으로 이해하고, 더 정확하게 가정교회의 개념을 파악합니다. 하여튼 우리 교인들은 이제 목장이 영적인 양떼를 잉태하고 재생산하는 하늘나라의 목장이며 그 원조는 초대교회라는 것을 알고 있습니다.

우리는 몇 년 전, 이미 검증된 휴스턴 서울교회를 본받으려고 많이 연구했고, 구체적으로 실행에 옮길 때에도 몇 가지의 분명한 이유가 있어서 이 목장 사업을 시작했습니다.

첫 번째는 휴스턴 서울교회의 성도들이 한결같이 교회생활이 행복하다고 고백하는 간증이 넘쳐났기 때문입니다.

두 번째는 교회의 본질인 섬기는 일이 자연스러웠으며 하나님께서 목자의 가정은 눈에 띄도록 복을 주시는 것을 보았기 때문입니다.

세 번째는 교회의 존재 목적에 따라서 영혼구원을 자연스러운 사명으로 알았기 때문입니다.

그뿐만 아니라 휴스턴 서울교회는 교회가 대형화되면서 자칫하면 기도제목이 막연해질 수밖에 없는 선교에 대해 목장이 한 곳씩 선교지를 맡으면서 훨씬 더 효율적으로 선교하고 있었습니다. 효율적일 수밖에 없다는 의미는 목장 이름을 후원하는 선교지로 부르다보니 자연스럽게 정이 들고 선교사와도 활발하게 교제하고 있습니다. 지혜로운 사람은 다른 사람이 잘하는 것을 보면 그것을 응용해서 발전시키고, 미련한 사람은 잘되는 꼴을 못 보고 오히려 비난거리만 찾습니다.

이제 우리 교회는 하나님이 기뻐하시며, 성경적인 근거가 확실한 가정교회로 건강하게 자라나고 있습니다. 물론 목장보다 더 성경적인 교회를 보여 주신다면 언제든지 배울 것입니다. 목장의 이름이 왜 바뀌었는지 충분히 이해를 하시겠지요?

나눔의 은혜가 충만하려면?

가정교회의 은혜는 뭐니 뭐니 해도 풍성한 나눔에 있습니다. 솔직한 나눔이 우리의 멍든 마음을 치유하고, 자유로운 나눔은 불신자들의 교회에 대한 잘못된 고정관념을 깨뜨리기 때문입니다. 그럼에도 불구하고 아직도 나눔의 유쾌하고 통쾌함을 맛보지 못했다는 사람들을 위해 함께 생각해 보려고 합니다.

저는 운동을 좋아합니다. 좋아한다고 해서 잘한다는 뜻은 아닙니다. 함께 어울리며 땀 흘리는 시간을 아주 좋아합니다. 문제는 운동을 할 때 다음에도 다시 하고 싶은 사람이 있는가 하면 그렇지 않는 사람도 있습니다.

예를 들어 테니스나 탁구를 치면 재미가 없습니다. 처음부터 상대방을 생각해 주지 않는 사람을 만났기 때문입니다. 그들은 오직 이기는 것이 목적이어서 요상한 서비스로 상대를 헷갈리게 하며, 공이 넘어오면 있는 힘을 다해서 일격을 가하고 혼자 좋아서 소리를 지르곤 합니다.

그러나 어떤 사람은 분명히 나보다 한수 위이지만 상대가 재미를 느끼도록 적당한 수준으로 공을 받아주면서 함께 즐깁니다. 이런 사람과 어울리면 어느새 자신감이 붙고 그 시간 자체가 즐겁고 운동 이상의 효과를 누리게 됩니다.

나눔(대화)도 마찬가지입니다. 우리의 마음에 있는 답답함을 끄집어내서 말하려고 마치 모든 것을 다 알고 있다는 듯이 이야기를 뚝 잘라서 답을 던져주거나 오히려 더 길게 이야기를 하는 사람을 만나면 그만 입을 다물게 됩니다. 하지만 사소한 일상사에도 웃음으로 반응해 주고, 진지한 관심으로 "참 힘들었겠네요? 어떻게 그 세월을 견디어 내었습니까? 정말 대단하시네요? 혹시 이런 비슷한 경험을 하신 분 없으세요? 듣고 보니 더 어려운 분도 계셨네요?" 하면서 은근한 위로와 칭찬을 할 때 우리는 예외 없이 새 힘을 얻게 됩니다.

누군가가 솔직한 이야기를 할 때는 어떤 논리적인 답을 기대하기보다는 힘들었던 이야기를 털어 놓고 공감을 통해 위로를 받고 싶은 마음이 있기 때문입니다. 목상은 학문의 논리나 훈계가 아니라 그의 인격을 인정해 주면서, 우리는 똑같은 죄인이지만 오직 은혜로 의인된 것을 고백할 때 하나님의 만져주심을 누리게 되는 것입니다.

목장 분가식에서 받은 은혜

지난 주일에 제4차 분가식(8개 목장 분가와 2개 목장에 파송)을 하면서 이제는 가정교회의 맛을 제대로 느끼는 것 같아서 가슴이 벅찼습니다.

그 첫째 이유는 요즘 가정교회가 마치 유행처럼 번지면서 여기저기에서 많은 평가들이 있지만 우리 교회의 분가식을 좋게 평가하고 있기 때문입니다. 우리의 분가식이 소문이 나서 여기저기에서 녹화 테이프를 요청하고 있습니다. 사실 예배에 특별한 이벤트나 유명인사가 참석하는 것도 아니지만 순수한 우리의 예배를 본받고 싶어 하는 것은 우리 교회를 닮고 싶다는 뜻이 아닌가 합니다.

둘째 이유는 신임 목자들의 간증을 통해서 건강한 교회의 씨앗을 볼 수 있기 때문입니다. 물론 간증이 물 흐르듯이 매끄러운 달변가의 구수한 이야기도, "아멘! 아멘!"을 외치며 죽어가던 사람이 다시 살아났다는 드라마틱한 사건도 없습니다. 그럼에도 불구하고 저는 우리 교회의 간증은 최고이며 이런 간증이야말로 한국 교회가 가장 절실하게 필요로 하는 것이라는 확신이 있습니다.

그날 예배에 참석하신 성도들은 기억하겠지만 목자들의 한결 같은 자기 고백과 다짐은 정말 감동입니다. 교역자들이 미리 어떤 지침을 준 것도 아니고 문장을 다듬어준 것도 아니지만, 신임 목자들은 분가 이전의 목자와 목녀들이 신실하게 섬기던 전임 목자를 모델로 삼아서 열심히 섬기겠다고 다짐했습니다. 교육학에서 행복한 사람은 누군가를 닮아가고 싶은 롤모델이 있는 사람이며, 신학적으로 좋은 성도는 나보다 약한 자를 섬기는 일이 자연스러운 사람이라고 가르칩니다.

이런 의미에서 우리 교회가 건강한 이유는 닮고 싶은 목자(녀)가 있으며, 자연스럽게 섬기겠다는 목자들이 있기 때문입니다. 목장을 통해서 영혼이 구원받고, 목자를 통해 믿음의 모델을 발견하게 되었다는 아름다운 분가식은 그 어떤 부흥회보다 귀한 시간입니다. 목자의 신실한 고백은 목사의 자랑인 동시에 교회의 무한한 가능성입니다, 다음 분가식에는 모두가 목자를 하고 싶도록 하나님께서 철철 넘치게 복을 주시기를 축복합니다. 목장을 사랑하시는 모두에게….

나눔이 좋은 이유

지난 주일부터 삶 시리즈를 시작했습니다. 13주에 걸쳐서 공부를 할 내용은 〈생명의 삶〉, 〈새로운 삶〉, 〈경건의 삶〉인데 〈생명의 삶〉은 우리 교회 교인이라면 반드시 해야 하며 다음의 두 단계는 목자와 목녀는 필수로 공부해야 합니다. 물론 계속해서 〈부부의 삶〉, 〈교사의 삶〉, 〈부모의 삶〉, 〈제자의 삶〉, 〈하나님을 경험하는 삶〉 등 선택과목을 개설할 예정입니다.

삶 시리즈는 성경의 지식과 목장에서의 자연스러운 나눔을 돕기 위해서입니다. 첫 시간에는 간단한 자기소개와 함께 인생에서 가장 기뻤던 일이나 배우자의 장점을 한 가지씩 칭찬해 보라고 했습니다. 사실 간단한 이야기지만 공식적인 자리에서 이런 나눔을 해본 경험이 없기 때문에 어색해 하면서도 모두 재미있게 이야기를 들려주었습니다. '자기 아내가 미인'이라는 팔불출(?)과 '아들 낳았을 때가 가장 기뻤다'는 시대에 뒤떨어진 자랑이 제일 많았습니다. 그런데 아내를 미인이라고 하면서도 함부로 대하는 모습은 어떻게 설명할 것이며, 아들을 낳았을 때가 최고로 기뻤다는데 정작 그 아들놈이 지금은 전혀 기쁨이 아니라는 대답은 우리가 삶에서 풀어야 할 영원한 숙제인 것 같습니다. 그런가 하면 자신은 구미남교회에 등록한 것이 인생에 있어서 가장 큰 축복이며 일주일 동안의 시름을 목장에 다 내려놓고 실컷 웃을 수 있다는 것이 너무 감사하다는 고백에서는 우리 교회가 이제는 제법 바른 길로 가고 있다는 자부심도 느꼈습니다.

어떤 집사님은 "결혼생활 20년 동안 아내에게 사랑한다는 말을 듣지 못했다"는 하소연도 했고, "출근하는 남편에게 사랑의 뽀뽀를 하려고 하면 고개를 돌려 버려서 못했지만 이제는 기필코 하겠다"는 각오도 했고, "결혼 후 아이를 낳아 기르면서도 남편을 오빠라고 불렀는데 이제는 호칭을 바꾸겠다"고도 했습니다. "〈생명의 삶〉을 공부하는 13주 동안은 피곤해 하는 아내에게 하루 13분씩 안마로 서비스하겠다"는 불가능한 공약도 있었고(졸업할 즈음 거짓으로 드러나면 낙제시키기로 함), "자기 남편은 얼마나 자상한지 결혼한 지 4년이 되었지만 오늘날까지 자기 손으로 쓰레기 한 번을 버린 적이 없었다"는 불가사의한 자랑도 있었습니다.

돌이켜 보면 저는 이런 생각조차 못했던 것을 회개하면서 이제는 반성하는 의미에서 쓰레기봉투는 어디에서 구입하는지 그리고 몇 종류가 있는지에 대해서도 알아볼 작정입니다.

목장을 옮기고 싶습니까?

충분히 그럴만한 이유가 있어서 다른 목장으로 옮기고 싶은 분이 있을 것입니다. 예를 들면 처음 목장을 정할 때는 거리에 관계없이 얼마든지 이동할 수 있는 자동차가 있었는데 최근에 이런저런 형편으로 자동차를 처분한 후에 거리상 참석하기가 힘이 든다든지, 처음에는 몰랐는데 시간이 지나서 알고 보니 목원들 중에 사업상 거래관계가 있어서 내 마음을 다 털어 놓지 못하는 안타까운 경우가 여기에 해당됩니다.

그러나 정당한 이유 없이 일방적으로 목장을 옮겨달라고 무조건 떼를 쓰는 미숙한 목원들이 아주 가끔씩 있습니다.

"목사님, 있잖아요. 우리 목자(녀)님은 자꾸만 가르치려 들고 도무지 부드럽지가 못해요."

"목사님, 있잖아요. 우리 목장의 목자(녀)님은 너무너무 좋은데 목원 중에서 누구누구가 보기 싫어서 나는 목장 나가기 싫어요. 그 사람 다른 목장으로 좀 보내 주세요."

이렇게 자기중심적인 요구를 하는 분들이 있습니다. 우리가 처음 목장을 시작했을 때에는 "목사님, 소문에 듣자하니 어느 목장은 음식이 풍성하다는데 우리를 그쪽으로 옮겨주세요"라든지 자기 집 아이가 유별난 것은 생각하지도 않고 아이를 나무란다는 이유로 옮기겠다는 분도 있었습니다.

사람이니까 당연히 자기 편리를 따라서 요구하고, 때로는 안 될 줄 알면서도 툭툭 던져 보는 것 같습니다. 이런저런 이유를 목사가 들으라는 식으로 간접적으로 전해올 때는 끝까지 모른 척 하면서 시간을 끌곤 합니다. 그러다가 사무실로 찾아오거나 전화로 상담을 요청할 때면 저는 그저 듣기만 하고 두 번 정도 씨익 웃을 뿐입니다. 제가 웃고 넘어가는 것은, 다른 목원이 그렇게 보기 싫고, 그렇게 고쳐지지 않는 이유는 그렇게 말하는 본인이 문제라는 것을 아시라는 뜻입니다. 사람은 자신의 단점을 누군가가 똑같이 반복하면 그게 그렇게도 밉고 화가 납니다.

그러므로 보기 싫은 사람이 있으면 '아, 내가 저 수준이구나'라고 생각하면 됩니다. 왜냐하면 내가 이미 그 문제를 넘어 섰다면 그 사람의 어설픈 행동이 오히려 사랑스럽고, 도와주고 싶은 마음이 들기 때문입니다. 목원이 사랑스럽고 목장이 자꾸만 기다려진다면 그는 하늘나라에 합당한 마음으로 행동합니다. 자기에게 붙여주신 껄끄러운 영혼을 섬기는 것이 부담스럽지만 점점 예수님의 마음이 차올라 그가 사랑스럽게 보일 것입니다.

부대끼면서 믿음이 자란다니까요?

지난주 칼럼이 인기 폭발해서 구체적으로 한 번 더 나누려고 합니다. 우리 교회가 목장을 잘한다는 소문이 아무리 자자해도 모두가 만족할 수는 없습니다. 실제로 "목장을 옮겨주세요. 안 되면 저 삐칠 수도 있어요"라고 은근히 압박하는 사람들도 있습니다. 물론 그렇게까지 할 때는 속내를 삭이려고 많은 애를 썼겠지만 "일단은 기다려 보십시다"라고 웃으면서 말하지만 제가 호락호락 넘어가지를 않습니다.

목장을 쉽게 옮기면 안 되는 이유는 첫째, 목자의 마음을 흔들지 않기 위해서고 둘째, 목장이 비교되는 것에 휘말리지 않기 위해서입니다. 더 본질적인 것은 목장은 '선택'과 '위임'이라는 두 바퀴로 굴러가기 때문에 목원에게 목장을 선택할 수 있는 자유를 준 것처럼 목자에게는 교회가 정한 원칙 안에서 마음껏 사역할 수 있는 권한도 위임해 주어야 하기 때문입니다. 이 흐름에서 볼 때 목사는 동역자(목자)들이 힘을 낼 수 있도록 도움을 주고 격려자의 역할을 해야 합니다.

듣기에 따라서는 거북할 수 있겠지만 목장을 쉽게 옮기려는 것은 교회도 마음대로 선택할 수 있다는 자기 논리를 앞세우는 것과 같습니다. 목장은 교회 안의 교회이기 때문에 목자나 목원이 마음에 들지 않는다고 함부로 아무 때나 옮기면 안 됩니다. 설령 옮겼을 때 이미 있는 목원들이 내 마음을 그대로 받아준다는 보장도 없고, 계속 고집한다면 교회를 바라보는 눈을 새롭게 교정해야 할 것입니다. 교회는 꼴 보기 싫은 그 사람이 보고 싶을 때까지 기도하고, 듣기 싫은 그의 목소리가 하나님의 음성으로 들려질 때까지 사랑을 배우는 장소입니다.

생각해 보면 수시로 나의 속을 뒤집어 놓는 그는 가장 가까운 곳에서 나를 훈련시키는 개인교수이기 때문에 내 좁은 속을 고치기만 하면 그는 사명을 끝내고 천사로 바뀔 것입니다. 그래도 싫으시다면 빨리 분가하도록 협력하시든지 아니면 아예 목장을 개척하시어 맨땅에서 한번 시작해 보십시오. 영혼을 구원하려는 열정이라면 홀로서기 할 수 있는 기회를 얼마든지 드리겠습니다. 그게 아니라 단순히 사랑만 받고 싶다면 그곳에서 부대껴야 합니다. 부대끼는 중에 다듬어지고, 부대끼면서 믿음이 자라날 것입니다.

경험한 만큼 나누며, 본 만큼 소개하기

부산에서 서점을 경영하는 어느 집사님께서 두어 주 전에 우리 교회를 방문해서 청년들에게 독서에 대한 특강을 해주었습니다. 그날따라 교회 안에 여러 모임이 있어서 강의를 듣지 못해 아쉬웠지만 오랜 만에 얼굴을 뵈어서 아주 반가웠습니다. 집사님의 기차 시간 때문에 길게 이야기를 나누지 못한 채 떠나면서 집사님이 인사 겸 제 설교테이프를 달라고 해서 사무실에 있는 것으로 두어 개를 드렸습니다.

그리고는 잊어버렸는데 은혜받았다는 감사와 함께 자신에게 큰 도전을 주었다는 한 권의 책을 선물로 보내주었습니다. 작은 일에도 잊지 않고 사랑으로 나누는 마음과 정성을 다해 쓴 엽서를 받으면서 선물로 보내온 책을 찬찬히 읽어 보았습니다. 인도를 선교했던 스탠리 존스가 쓴『인도의 길을 걷고 있는 예수』입니다. 중간 중간에 책을 덮고 생각을 해야 할 내용들이 있었는데 그중 한 가지를 나누려고 합니다.

저자가 진지하게 언급한 내용 중에 우리는 신앙의 연수가 길어지면 자신도 모르게 예수님은 더 이상 말하지 않고 교회의 전통만을 가르치는 우를 범하거나 복음을 더 이상 전하지 않고 서구의 기독교 문화를 힘으로 전수시키려는 고압적인 자세로 인해서 예수님이 가리어지며 기독교가 오해를 받는다고 했습니다. 그러면서 스탠리 존스는 말하기를 참된 믿음의 사람들은 가르치는 것이 아니라 예수님을 소개해야 하며 기독교는 토론이나 논쟁이 아닌 체험을 나누어야 한다고 했습니다.

거의 100년 전에 예수님을 사랑하며 고민했던 문제들이 오늘을 살아가는 우리 시대의 고민들과도 다르지 않다고 생각했습니다. 우리 시대의 교회와 성도들이 복음의 기쁨을 점점 잃어가고 있는 이유는 자신도 모르게 누군가를 자꾸 가르치려는 것과 자신이 지금까지 보고 느낀 전통과 문화가 마치 복음의 절대적인 것처럼 착각하는 것입니다. 그래서 우리의 이웃이 보아야 할 예수님을 제대로 못 보는 것 같습니다.

그런 의미에서 우리 교회의 목장은 지식을 가르치는 곳이 아니라 내가 경험한 예수님을 소개하며 보여줌으로써 그 사랑과 기쁨에 흠뻑 취하게 하는 곳이어야 합니다. 물론 그렇게 하시겠지만.

목장 장소를 조금씩 바꾸십시오

지금까지는 대부분 목자 집에서 가정교회로 모였습니다. 목자(녀)는 금요일이 다가오면 목원을 맞이하기 위해서 집안 청소를 하고 먹거리를 한상 가득히 준비하면서 '오늘은 과연 몇 명이나 올까?' 하는 설레임으로 기다렸을 것입니다. 돌이켜 보면 이 일이 예사롭지 않아서 힘도 들고 돈도 들고 번거로웠던 것도 사실입니다. 그럼에도 불구하고 우리의 목자(녀)들은 하나같이 마음을 다해서 목원을 돌아보며 섬겨왔습니다.

그 사랑의 순수함을 보고 우리 교회의 목장을 탐방하는 분들이 깜짝 놀라곤 합니다.

"혹시 우리가 온다고 해서 미리 예행연습을 했거나 목사님의 교회에서 제일 잘하는 모범적인 목장만 보여 주신 거죠?"

"그렇게 보였다면 참 감사할 일이네요. 목장에 참석하면서 어떤 점이 가장 인상적이었습니까?"

"목사님, 교인들이 너무나 행복해 보여요. 목녀가 그 힘든 일을 매주 어떻게 할 수 있나요? 교회에서는 재정적으로 얼마나 지원해 주는지 궁금합니다."

"아니요. 우리는 지원하지 않습니다. 오히려 기쁨과 감사로 자신의 집을 개방해서 목원을 기다리는 목자 가정이 더 많습니다. 이렇게 하는 이유는 그분들이 많은 수고를 하고, 거룩한 낭비를 서슴지 않는 것은 시간이 지날수록 하나님께서 갚아 주시는 하늘의 복이 목자의 가정마다 넘쳐나기 때문입니다. 생각해 보십시오. 한두 날도 아니고 일 년, 이 년 이상을 체험이 없다면 어떻게 계속할 수 있겠습니까? 진심으로 사랑하고 섬긴다면 우리 하나님께서 흔들어서 넘치도록 그들의 가정에 복을 안겨 주시기 때문이죠."

섬기는 사람에게 복을 주시는 하나님, 이것은 영적인 비밀이고 존경받는 최고의 지름길입니다. 이 축복의 특권을 지금까지는 목자의 가정에서만 누렸습니다. 그러나 이제부터는 조금씩 나누어 가졌으면 합니다. 억지나 부담이 아닌 사랑의 마음으로 목자와 의논해서 자연스럽게 장소를 바꾸어 보십시오. 그래서 모이는 그 집에 한껏 복을 빌어 주고 그 집이 축복의 통로가 되게 해 보십시오.

목장에 꼭 나가야 합니까?

얼마 전 한 방송에서 "사람이 행복한 때는 언제인가?"라는 주제로 이야기하는 것을 보았습니다. 〈행복의 문턱〉이라는 논문을 인용해서 사람이 행복하려면 최소한 행복의 문턱이 있어야 하고 그것이 없으면 돈이나 명예도 별로 의미가 없다고 했습니다. 스쳐 지나면서 보았기 때문에 학자들의 이름을 외우지 못해 아쉽긴 하지만 미국 유수한 대학교의 교수들로서 꽤나 많은 사람들을 대상으로 설문조사를 했으며 통계를 근거로 설명해 주었습니다.

'사람이 어떻게 하면 행복한 삶을 살 수 있는가?'는 우리 모두가 바라는 것입니다. 그런 면에서 교회는 행복을 찾아나서는 대합실과 같은 곳입니다, 우리는 교회에서 행복한 삶의 방식을 배우고, 행복한 시민으로서 훈련을 받습니다. 그러므로 교회에서 누군가를 만나는 것은 앞으로 영원히 같이 살게 될 가족을 만나는 것이고 서로에게 위로자와 안내자가 되어야 합니다.

사람은 언제나 착한 쪽을 향하기보다는 자기중심으로 기울어지는 성향이 있습니다. 사람을 만나도 자신에게 이익이 되면 만나지만 손해가 된다 싶으면 언제든지 등을 돌리는 악한 본성이 있습니다. 이런 만남에 익숙하다 보니 교회에서도 사람을 가려서 만나거나 교제 없이 하나님만 만나는 것이 거룩이라고 오해하는 교인들이 있습니다. 그들의 믿음이 괜찮아 보일지는 모르지만 성경은 그렇게 하지 말라고 합니다. 오히려 만나게 하신 그들에게 있는 아픔을 위로하며, 나에게서 고쳐야 할 점을 찾으라고 말합니다.

세상의 어떤 종교는 혼자서 도를 닦는 중에 열반에 이르라고 가르치지만 하나님은 혼자가 아니라 서로 모여서 사랑을 나누고 부대끼는 가운데 기쁨은 커지고 슬픔은 작아지는 신비한 힘을 체험하라고 하십니다. 방송 끝부분에서 행복의 문턱은 가족이 아니면서도 가족처럼 느낄 수 있는 사람을 정기적으로 만날 수 있는 시간과 공간이 있을 때라고 결론을 내렸습니다.

가족처럼 느낄 수 있으며, 정기적으로 만날 수 있는 시간과 공간이, 세상에 목장 외에 또 어디 있을라고?

목장 모임을 한 번 점검해 볼까요?

'새삼스럽게 이런 이야기를 왜 하나?' 의아하겠지만 아침저녁으로 선선해지는 이 가을에 기본을 다시 한 번 생각해 보자는 의미에서입니다. 목장은 먹는 것에서 시작되기 때문에 음식 준비는 꼭 하되 형편을 따라 하십시오. 너무 많아서 부담이 되는 것은 모자라는 것보다 못합니다. 자주 만나는 사이일수록 양의 많고 적음보다는 정성이 깃든 것에 감동을 받는다는 거 아시지요? 입이 기쁘면 마음도 기뻐집니다. 그러니 먹는 것을 생략하면 마음을 열기 어렵습니다.

찬양은 쉬운 곡을 반복하므로 따라 하고 싶은 마음이 들게 하십시오. 인도자의 수준으로 어려운 찬양을 하면 음악에 은사가 없는 나같은 사람은 어려워한다는 것을 감안해서 목원들이 은혜받은 곡으로 선택하고 특별히 새신자가 좋아하는 곡은 질릴 정도로 부르는 것이 센스입니다. 찬양 후에는 주보에 있는 광고나 목원에게 알릴 내용에 대해서 담당을 정해서 하십시오. (사명감을 가질 수 있도록 말입니다.)

성경공부는 지식 자랑이나 토론의 장이 되지 않게 하시고 20분을 넘기지 않아야 합니다. 혹시나 길게 하는 분이 있으면 지금이라도 신학교로 보내서 좋은 선생이 되게 하십시오. 성경공부는 '삶 시리즈'에서 마음껏 하시고 목장의 꽃은 나눔에 있다는 것을 기억하기 부탁합니다. 나눔은 말 그대로 모두가 공유할 수 있는 솔직하고 쉬운 것으로 하고, 한 마디씩은 할 수 있는 분위기여야 합니다. 아직도 목자(녀)가 말을 많이 하는 목장은 없겠지만 혹시나 그렇게 하고 싶은 충동이 들면 꾹 밟아서 누르십시오. 사람은 일방적으로 말을 많이 하거나 누군가가 나를 가르치친다는 느낌이 들면 그때부터 마음이 멀어지기 시작합니다.

목자(녀)는 목원이 말할 수 있는 분위기를 만드는 인도자여야 합니다. 그리고 목장은 늦은 시간 자리를 툭툭 털고 일어날 때에 자신도 모르게 이곳에 내 마음을 두고 가는 기분이 들 정도로 속을 후련하게 하며, 응어리진 모든 것을 내어놓고 기도하는 곳이어야 합니다. 물론 나눔 후에 선교 헌금은 정성을 다해서 잘하고 있으시죠? 행여나 목장에서 아무 역할도, 아무 말도 없이 돌아가는 사람이 있을까 노파심에서 한 마디 합니다.

목장은 우리의 고민을 내어놓고 함께 기도하는 곳이고, 위로를 받고 세상 어느 곳에도 찾을 수 없는 천국의 그림자가 깃드는 곳입니다.

목장은 생명입니다

우리 교회는 목장에서 출발합니다. 성숙한 목장을 이루기 위해 건강한 가정이 있어야 하는 것은 두말 할 필요도 없습니다. 예수님이 주인 되심을 고백하는 성숙한 가정이 약한 자들과 불신자를 초대해서 은혜를 나누고 위로받는 중에 서로가 합심하여 기도함으로 하나님을 구체적으로 체험하는 곳이 목장입니다. 그래서 목장은 가도 되고 가지 않아도 되는 곳이 아니라 반드시 소속이 되어서 함께 만들어 가야 하는 우리의 교회입니다.

교회의 시작을 알려주는 가정교회에 대해 성경은, 성도의 집에서 모이는 교회를 '네 집에 있는 교회'(고전 16:19, 골 4:15, 몬 1:2)라고 불렀고, 가정교회들이 다 함께 모였던 큰 모임을 '온 교회'(행 5:11, 행 15:22, 롬 16:23, 고전 14:23)라고 불렀습니다. 예나 지금이나 사람들이 많이 모이면 일일이 살필 수도 없고, 또 서로의 속사정을 모르다 보니 오해가 생길 수도 있기 때문에 작은 모임의 탄탄한 교제가 필요했던 것입니다.

실제로 우리처럼 교인 수가 천여 명을 넘어서는 교회에서는 담임목사가 일일이 들어줄 수도 없고 살갑게 대하지 못하는 게 현실이고 한계입니다. 그러다 보니 어떤 때는 담임목사가 냉랭하게 느껴질 수도 있을 것입니다(알고 보면 천 목사는 푸근하고 재밌고 수더분한 사람입니다). 그러나 우리 교회는 목사처럼 살아가려고 애를 쓰는 목자(녀)들이 많이 있습니다. 그분들은 목원을 위해서 기도하고 보살피며 함께 하나님 나라를 이루어 가려고 최선을 다합니다.

그 사랑과 섬김을 이제는 좀 더 구체화하고 승화시키기 위해 교회가 계획하는 행사들도 앞으로는 가정교회로 이양할 예정입니다. 물론 기본적인 방향은 기도 중에 당회에서 의논한 후에 결정할 것입니다. 이를 실행할 때는 목장이나 초원 단위로 움직여 나갈 예정입니다. 그래서 이번 가을 소풍부터 교회가 주도하는 행사가 아닌 초원을 세 개씩 묶은 교구별로 의논한 후에 자유롭게 다녀오면 됩니다.

이번 일이 잘되면 내년부터는 아예 초원 단위로 소풍이나 여름 수련회를 가려고 합니다. 여름 내내 전 교인 수련회, 가을 내내 가을 소풍을 떠나는 교회, 생각만 해도 교회가 살아 움직이는 것 같지 않습니까?

목자(녀)를 섬기십시오

이제는 어디를 가나 우리 교회가 목장 사역을 너무 잘한다는 소문이 자자합니다. 그러다 보니 덤으로 여기저기에서 저를 부르는 교회들이 많아졌습니다. 물론 초청하는 곳에 덥석덥석 가지는 않겠지만 가정교회에 대해 설교하는 것은 기분 좋은 일입니다. 왜냐하면 하나님을 증거하는 것과 목사가 자기 교회와 교인을 자랑할 수 있는 것은 아무나 할 수 없는 큰 영광이기 때문입니다.

우리는 지금껏 한 걸음씩 잘 왔으며 앞으로는 더 잘할 것입니다. 이처럼 잘되고 있을 때 '이것까지도 했으면 좋겠다' 싶은 간절한 바람이 있습니다. 아마도 이것만 잘되면 목장은 작은 천국을 희미하게나마 맛볼 수 있을 것 같습니다. 그것은 목원들도 목자와 목녀를 섬겨주는 것입니다. 지금까지 목자(녀)들은 목원들을 섬기는 데 최선을 다했습니다. 여러분이 주님을 진정으로 사랑한다면 이제는 여러분이 목자(녀)들을 사랑하고 존중해 주시기 바랍니다. 목자 목녀가 꼭 예뻐서가 아닙니다. 하나님의 일꾼이고 여러분이 하나님을 사랑하기 때문입니다.

목자(녀)를 잘 섬기는 목장도 있지만 일반적으로는 목자(녀)는 늘 섬기고 목장 식구들은 늘 섬김을 받는 것을 당연시 하는 것 같습니다.

목자(녀)를 섬기면 그들이 받을 상을 같이 받을 수 있습니다. 그러므로 기회가 주어지면 놓치지 마시기를 바랍니다.

예를 들면 목자(녀)의 생일을 기억했다가 깜짝 파티를 해준다든가 목녀가 몸이 아프면 서로 자원하시기를 바랍니다. 나아가서 목자 집에서만 모임을 가질 것이 아니라 목원의 집에서도 자원하여 모이시기 바랍니다.

주일에도 목자(녀)들은 대부분 교회에서 하는 사역들이 있습니다. 그 일에도 도울 일이 없는지를 살펴보고 할 수 있는 일이 있으면 함께 하기 바랍니다. 특히 점심시간에 목자에게 밥을 사게 하지 마십시오. 각자 사 먹으면 큰 부담이 아니지만 목자(녀) 혼자 지불하면 부담이 될 수 있습니다. 한 걸음 더 나아가서 목자(녀)에게 점심 식사를 대접해 보시기를 바랍니다. 하나님의 일꾼을 섬길 때 여러분을 사랑하시는 하나님을 기쁘게 해드릴 수 있습니다.

목장에서 아이들은 어떻게 하나요?

가정교회 세미나를 인도할 때마다 제일 많이 듣는 질문입니다. 그만큼 아이들을 어떻게 통제해야 할지에 대해 걱정이 큰 것도 사실입니다. 우리는 아이의 교육은 학교의 몫이고 가정에서는 아이가 기죽지 않도록 아이의 모든 행동을 받아주어야 한다는 이상한 생각을 하는 것 같습니다. 그러다 보니 아이의 어떠한 행동에도 관대하고 무조건 보호

하려 듭니다. 내 아이가 당연히 귀하고 소중하겠지만 소중한 만큼 잘 가르치고 가치가 높아지도록 다듬어야 합니다. 다듬는다는 것은 훈련한다는 뜻입니다. 사랑하면 훈련을 시켜야 합니다.

그래서 어떤 부모들은 이런 이야기를 하면 어린 것이 뭘 알겠느냐고, 아이들이 스스로 판단할 때까지 기다려야 한다고 말합니다. 그렇지 않습니다. '세 살 버릇이 여든까지 간다'는 말이 있듯이 사람의 본성은 악해서 어려서부터 훈련을 위해 최소한의 규칙이 있어야 합니다. 목장에서도 마찬가지입니다. 어떤 아이들은 모임 분위기를 흐트러뜨릴 뿐 아니라 목자의 집을 정리하기도 곤란할 정도로 어지럽히기도 합니다. 그래서 목장에 나오는 아이들에게도 원칙이 있어야 합니다. 이번 주부터 목장에서 아이들에게 꼭 제시하십시오. 한 번이 안 되면 두 번, 세 번, 반복해서 기도하며 훈련시키십시오.

규칙 1. 지정된 방 외에는 들어가지 않는다(안방이나 공부방의 책상이나 컴퓨터를 함부로 만지지 못하도록 열려진 방에서만 놀게 합니다).

규칙 2. 음식은 정해진 자리에 앉아서 먹는다(먹고 싶으면 와서 먹고 들고 다니거나 아무 데나 부스러기를 흩뜨려서는 안 됩니다).

규칙 3. 지붕이 있는 곳에서는 뛰지 않는다(뛰는 아이가 있을 때는 모두 불러서 규칙 3번이 무엇인가를 암송하게 합니다).

규칙 4. 사람이 있는 곳에는 물건을 던지지 않는다 .

규칙 5. 어른들 앞에서는 소리를 지르지 않는다.

이 규칙들을 아이들에게 달달 외우게 하십시오. 값비싼 정원수는 늘 가지치기를 하여 가꾸지만, 황폐한 정원은 내버려두어 망가진다고 합니다. 자기 하고 싶은 대로 하는 아이 때문에 얼마나 천불(?)이 나는지는 목장 모임을 해보면 금방 알 수 있습니다. 그때서야 목녀를 존경한다고 말하지 말고 내 아이에게 규칙을 지키게 하는 것이 더 우선입니다.

1인 1사역이 원칙입니다

요즈음은 토요일이 되면 교회가 술렁술렁합니다. 여기저기에서 각사의 일들로 바삐 움직이는 성도들이 많기 때문입니다. 주일 식사를 위해 콩나물을 다듬으며 깔깔거리며 웃는 소리, 따닥 따닥 무채를 써는 도마질 소리도 들리고, 초등부 아이들이 열댓 명씩 떼를 지어 뛰어다니는 모습들도 보입니다.

"너희들 뭐하냐?"

"목사님, 모르세요? 우리는 사역 팀인데요."

초등부가 윙윙으로 예배를 드리면서 그 예배를 위해 인도하는 팀을 그들은 사역 팀이라고 부른답니다. (이 자리를 빌어서 말씀 드리면 초등부를 비롯하여 교육부서의 예배에 한 번도 참석하지 못해서 늘 미안해하고 있습니다. 할 수만 있으면 내년부터는 일 년에 한 번 정도는 설교도 하고 예배도 드리고 싶습니다.) 자신들이 드리는 예배를 위해서 먼저 준비하고 앞장서서 인도하는 것에 자부심을 가지는 아이들이 기특합니다.

어른들도 예외는 아닙니다. 〈믿음의 삶〉 성경 공부는 완성이 아니라 더 잘 사역하기 위한 출발입니다. 마치 태권도나 피아노를 배우는 학생이 실기를 익히기 전에 먼저 이론을 배우는 것과 같습니다. 이론이 중요하긴 하지만 그 자체가 기능은 아닙니다. 예를 들면 깡패를 만났을 때 태권도 이론을 아무리 소리쳐도 소용이 없고, 피아노 이론을 아무리 많이 암기했어도 바흐나 베토벤의 음악을 연주하는 것과는 차원이 다른 문제입니다.

우리 교회에서는 목장에서 누구든지 하고 싶은 사역을 할 수 있게 합니다. 적극적으로 참여해서 한 가지씩은 꼭 사역에 동참하기 바랍니다. 목장으로 끝나지 말고 교회에서도 한 가지씩 꼭 사역하기 바랍니다. 부탁하고 싶은 것은 혹시나 교회 안에서 이것저것 여러 가지 일을 하는 성도가 있다면 우리 교회의 효과적인 사역을 위해서 한 가지만 하기를 권면합니다.

원하기는 목장에서 한 가지 사역을! 교회에서도 한 가지 사역을! 그렇게만 한다면 영혼구원하여 제자 삼는 일에 능히 한마음이 되어 무엇이든 할 수 있을 것입니다.

연합 목장은 절제하는 게 좋습니다

목회자에게 있어서 제일 어려운 것 중에 하나는 사랑하는 사람을 마음으로만 간직하고 그저 멀리서 바라만 보는 것입니다. 마음 같아서는 전화도 자주 하고 함께 맛있는 식사도 하고 싶지만 그래서는 안 되는 것이 목회자의 윤리입니다.

혹시나 오해하실 것 같아서 단도직입적으로 말씀드립니다. 전임 목회지에서의 충성스럽고 헌신적이었던 성도들과의 인간관계에 대한 이야기입니다. 그때 함께 교회를 섬기면서 정말 애쓰고 수고한 사람들을 생각할 때마다 자꾸만 안부를 묻고 싶고 함께 어울리면서 기뻐하고 싶지만, 일단 그 교회를 떠나온 이후에는 잘되기만을 바랄뿐 자주 연락을 해서도 만나서도 안 됩니다. 이것이 목회자만이 겪는 거룩한 아픔입니다. 인간적으로는 정을 나누고 싶지만 떠나온 교회의 교인을 자꾸 만나면 후임 목사는 엄청난 부담을 갖게 되고 교인들은 전임 목사와 비교하기 때문에 안 됩니다.

일단 사역지를 옮긴 이후에는 잘되기만을 바라고 기도만 해야 합니다. 교인과 전화하거나 전임 목사가 후임 목사와 함께 어울리는 자리를 만들지 않는 것은 교인들과 후임 목사 사이에 돈독한 정을 만들어주기 위해 일종의 젖떼기를 하는 것입니다.

이것은 손톱 밑에 새살이 돋아나는 것처럼 아프지만 강해지고 성숙해지는 과정입니다. 목자도 목장도 그래야 합니다. 정이 들어서 잊을 수 없을 정도로 많은 추억이 있지만 일단 분가를 했으면 마음속에 고이 접어 넣으셔야 합니다. 그리고는 앞만 바라보고 내 목원들만 섬겨야 합니다.

애틋한 마음으로 목원과 세움 받은 목자들 사랑으로 돕고 싶기러는 그 마음을 왜 모르겠습니까? 그렇게 얽매어 있는 사이에 그 목장은 젖을 떼지 못하고 목자도 자신감을 얻지 못하는 경우가 많습니다. 떠나보내십시오. 그리고 기도로 축복하시고 들려오는 소식만으로 기뻐하십시오. 그게 사역자의 마음입니다.

목자와 동역하십시오

선교지에서 대부분의 선교사들에게 듣는 한결같은 고민은, 선교사를 통해서 예수님을 영접하고 신앙생활을 하게 된 사람들이 기도도 뜨겁고 신앙 고백도 잘하지만 그들의 실제적인 믿음은 어린아이 수준에 머문다는 것입니다. 그들은 받는 것에 익숙한 나머지 받는 것을 당연하게 여겨서 그들을 통해서는 영혼구원이 되지 않고 제자의 삶이 이루어지지 않는다고 합니다.

오늘 우리 가운데에도 이런 사람이 있다고 하면 믿겠습니까? 아마도 이 말에 대해서 목자(녀)들은 공감할 것입니다. 목장에서도 자신의 신앙은 대단한 것으로 과대평가하면서, 예수 믿은 햇수를 자랑하고, 나름대로 간증도 하고, 다른 사람들에 대한 평가도 잘하면서도 실제 자기를 희생하거나 연약한 형제자매를 섬기는 일에는 조금의 수고도 하지 않는 사람들이 있지요? 지금까지 자기 집을 개방하지도 않고, 음식 준비도 도와주지도 않으면서 이제 갓 교회에 나온 사람들보다 더 늦게 오거나 늘 바쁘다고 요리조리 핑계만을 늘어놓은 얄미운 사람들이 있지요?

예수님께서는 우리에게 섬기는 자가 되고 낮아지라고 하셨습니다.

하지만 그 대상은 구원의 확신이 없는 이들입니다. 자신은 모든 것을 안다고 하면서 거드름을 피우는 사람에게는 오히려 무서운 말씀을 하셨습니다.

새해를 시작하면서 권면의 말씀을 드립니다. 지금껏 이런저런 이유로 목자로 섬기지 않는 집사들은 올해부터는 목장의 짐을 나누어지십시오. 그래서 목자처럼 여러분의 집을 개방하고 함께 섬기는 목자의 좋은 동역자가 되십시오.

물론 아직 구원의 확신이 없는 사람에게는 조금의 희생도 요구하지 않겠습니다. 그러나 예수님을 영접했으면서 섬김을 실천하지 않는 사람들은 진지하게 다시 생각하기 바랍니다. 야고보 사도는 행함이 없는 믿음은 죽은 믿음이라고 했습니다.

목장이 행복하고 초원이 기다려지려면

모든 목장과 초원이 행복하지만 그래도 다른 목장이나 초원은 특별한 것이 있을까 싶어서 기웃거리고 엿듣고 싶은 게 사람의 심리입니다.

"그 목장은 굉장하다더라."

"그 초원은 모일 때마다 힘을 얻는다더라."

이런 이야기를 들을 때가 있는데 어쩌면 그것이 소문일 수도, 사실일 수도 있습니다. 물론 우리는 모일 때마다 행복하고 헤어지면 기다려지는 그런 모임을 만들고 싶습니다.

사실 그 누구도 불행을 즐기고 다른 사람의 마음을 아프게 하고 싶지는 않을 것입니다. 어쩌다 보니 마음과는 다르게 좋지 않은 분위기에 쏠릴 때가 있습니다. 분위기를 바꿀 수 있는 사람은 행복으로 가는 길을 찾은 사람일 것입니다.

목장이나 초원에서 사람의 마음을 주눅이 들게 하거나 위축시키는 이야기를 먼저 끄집어내거나 그것을 중심 주제로 삼으면 그 모임은 재미가 없어질 것입니다. 힘들고 고단한 이야기는 분위기가 살아난 후에 하시기 바랍니다. 왜냐하면 우리는 힘든 세상에서 어려움을 겪으며 살아가기 때문입니다.

서로에게 힘을 줄 수 있는 이야기로 나눔을 시작했으면 합니다. 먼저 어려운 상황에서도 하나님께서 도와주신 은혜로운 간증을 해야 합니다. 즉 지난 주간에 하나님께서 우리의 삶을 어떻게 인도하셨는지를 나누고, 그 하나님께서 나에게 기대하는 것이 무엇이 있었는지를 얘기하다 보면 우리가 하나님의 기쁨이 되기 위해서 수고하고 애썼을 때 하나님께서 채워 주신 은혜와 간절한 기도에 응답해 주신 하나님의 손길을 서로 확인하게 되면서 삶의 위로와 용기를 받을 것입니다.

힘들고 고달픈 이야기만 나누면 모임은 어둠의 영에 끌려갈 것입니다. 행복한 포만감은 맛있는 음식에 있지 않고, 위로받고 도전받는 거룩한 모임에 있습니다.

사랑과 성숙은 동전의 양면과 같습니다

돌이켜 보면 학교 다닐 때 공부 못하는 학생일수록 선생님에 대한 평가가 부정적이고 유별납니다.

"잘 가르치지 못한다, 시대적인 감각이 없다, 사투리를 많이 쓴다."

이런 이유를 들면서 자신을 합리화하는 마음은 이해하지만 그것이 자신에게 무슨 유익이 되겠습니까? 그러나 공부 잘하는 학생일수록 선생님의 열심과 숨소리까지 들으려는 진지한 자세로 공부합니다. 선생님의 인생철학까지 본받으려고 합니다.

물론 사람이기 때문에 모두 좋을 수는 없지만 적어도 가르침을 주고 사랑을 베푸는 사람에게는 최소한의 예의와 존중의 마음을 가져야 합니다.

교회에서도 마찬가지입니다. 가끔 스스로가 대단한 사람인 것처럼 이런저런 이유를 들면서 다른 사람의 잘못을 자꾸만 꼬집고 들추는 사람이 있습니다. 그의 말을 들으면 맞는 부분도 있습니다. 그러나 자신의 생각으로는 맞겠지만 그게 아닐 수도 있습니다. 넓게 생각하지 못하는 것 같습니다. 비판과 부정적인 생각은 분위기를 어둡고 우울하게 만들고 마침내는 자신의 신앙도 침체하게 합니다.

신앙 성숙을 방해하는 부정적인 생각이 나를 사로잡고 있는지 발견하는 가장 좋은 방법은 미워하는 사람이 있는지 알아내는 것입니다. 목장에서 나에게 사랑을 베풀고 섬겨주는 목자(녀)를 자꾸 험담하고 싶거나 혹은 분가해서 목자(녀)가 되었음에도 불구하고 경쟁 대상을 분가 이전의 목장이나 목자(녀)로 생각하는 사람들이 있습니다. 존경해야 할 대상과 사랑을 나누어야 할 대상을 경쟁의 대상으로 놓거나 미움과 저항의 대상으로 정해 놓은 사람은 성숙하지 않습니다.

때로는 마음에 들지 않아도 사랑해야 할 사람을 사랑하는 마음에서 성숙이 시작됩니다. 성숙하지 않으면 많은 일을 할 수가 없기 때문에 사랑하는 마음을 배워야 합니다. 우리 교회에서는 그런 일이 없겠지만 행여나 노파심에서 말씀 드리는 것은 목장은 어떤 행사를 위한 조직이 아니라 사랑을 배우는 가정 같은 곳이고, 영혼을 구원하는 교회의 핵심 역할을 감당하는 곳이기 때문입니다.

목장을 돌아가면서 해야 하는 이유

목장의 꽃은 나눔입니다. 나눔의 꽃을 피우기 위해서는 반드시 음식을 먹어야 합니다. 왜냐하면 우리의 입과 배가 즐거우면 긴장이 풀리고 맛있는 음식을 해준 사람에게 고마움과 함께 은근한 존경심까지 우러나오기 때문입니다. 그래서 목장 모임 때 국물과 함께 두세 가지의 반찬으로 식사할 것을 권합니다. 그동안 우리 교회의 목장들은 음식 장만을 사명인줄 알고 잘 감당해 왔습니다.

그러다 보니 간혹 어떤 목원들은 음식이 하늘에서 뚝 떨어지는 줄로 생각하고 다른 목장의 식탁에 떨어진 음식을 부러워하거나 우리 목장에는 왜 그런 음식이 떨어지지 않는지 투정도 합니다. 아직 침(세)례를 받지 않았고 구원의 확신이 없는 사람은 그럴 수 있습니다. 하지만 적어도 예수님을 영접하고 구원의 확신이 있다면 자신의 집에서도 목장을 자연스럽게 해야 합니다.

목장을 위해서 집을 개방하는 것은 섬김의 한 방법이고 예수님의 사랑을 알아가는 길입니다. 때로는 내 차례가 아니어도 목자(녀)의 가정에 바쁜 일이 있거나 몸이 아프면 마치 기다렸다는 듯이 집을 개방하고 섬기십시오. 그렇게 하는 것은 축복이고 사람의 도리입니다.

귀찮아서 식당에서 밥 한 끼 대접하는 식으로 하지 말고 꼭 집에서 모임을 가지십시오. 비싼 음식이 아니어도 좋습니다. 이미 한 식구가 되었기 때문에 결코 음식이 중요하지 않습니다. 서로의 정을 나누어지는 기쁨이 훨씬 더 소중합니다.

특별히 아이들이 있는 가정은 꼭 내 집에서도 목장이 주는 환희를 느껴 보십시오. 그렇게 함으로써 목장에서 사랑스러운 아이들을 어떻게 교육해야 하는지 알게 되고, 목녀의 수고와 사랑을 조금이나마 이해할 수 있습니다. 섬김은 아름다운 축복의 씨앗이지만 체험하기 전에는 알 수 없는 비밀이 숨겨져 있습니다. 이 일을 위해 이제부터 집을 개방하기 바랍니다.

〈1박 2일〉과 목장

저는 영화 보는 것은 좋아하지만 텔레비전은 되도록 안 보려고 합니다. 텔레비전 방송을 싫어해서가 아닙니다. 재미있는 드라마나 방송을 즐겨 보면 자꾸 빠져들 것 같아서 의도적으로 안 보려고 애쓰는 것입니다. 그런데 최근에 어쩌다 〈1박 2일〉을 두어 번 아주 재미있게 보았습니다.

〈1박 2일〉을 보면서 '아, 이 방송이 이래서 인기가 있고 사람들이 좋아하는구나' 하는 생각과 함께 우리의 목장과 통하는 무언가가 있음을 찾아냈습니다. 출연자들이 주소 하나만 달랑 들고 두 사람씩 짝을 지어 첩첩산중으로 찾아 나섭니다. 그 마을은 휴대전화도 터지지 않는 오지입니다. 마을의 한 집에서 저녁을 먹고 이야기를 하고 그 집에서 잠을 자야 합니다. 연예인과 시골에서 사시는 할아버지 할머니와 무슨 얘기를 할지 자못 염려도 되고 궁금하기도 했습니다. 저의 염려와는 다르게 웃기도 하고 울기도 하는 감동을 보여 주었습니다.

뿐만 아니라 팀을 이끌어가는 강호동 씨는 공부를 많이 했거나 전문 연기자 수업을 받지 않았음에도 불구하고 솔직담백하고 시원시원한 진행으로 〈1박 2일〉을 재미있게 이끌었습니다. 그들처럼 우리의 목장도 구성원의 사회적인 신분과는 관계가 없으며, 주제도 정해진 것이 절대 아니며, 목자 역시 개인적인 자질이나 능력에 관계없이 얼마든지 은혜롭게 인도할 수 있다는 확신이 들었습니다.

모임이 재미있으려면 좋은 관계성과 진솔한 나눔이 있어야 할 것 같습니다. 그런 의미에서 우리 목장은 〈1박 2일〉과는 비교할 수 없는 거룩한 기쁨과 영혼구원의 열매가 있고, 자연스러운 영성과 생활화된 섬김이 있는 복된 모임입니다.

은혜의 시발(始發)점을 잡으십시오

어떤 사람을 만나면 시간을 허비했다는 느낌이 들고, 또 어떤 사람을 만나면 유익하고 만족스러웠다는 기분이 들 때가 있습니다. 물론 확연하게 차이가 나는 경우도 있지만 정확히 꼬집어 구별할 수는 없지만 무언가 다르게 느껴질 때도 있습니다. 목장도 그런 것 같습니다. 가끔씩 탐방을 해보면 목장이 살아서 펄떡거리고, 눈빛이 반짝거리며 아주 재미있는 목장이 있는가 하면 나눔이 시들하고 전체적인 분위기가 좀 길고 지루하게 느껴지는 목장도 있습니다.

그 차이가 어디에 있을까를 생각해 보니 목장에 부어 주시는 하나님의 은혜를 붙잡느냐 붙잡지 못하느냐에 있었습니다. 조금 어려운 말로 은혜의 시발(始發)점이 주어졌을 때 그것을 붙잡느냐 놓치느냐에 달려 있습니다. 하나님의 백성이 모였을 때에는 하나님께서 그 모임을 이끌어 가시기 때문에 예민하게 순종하면 우리 가운데에 은혜를 주시는 이야기가 있습니다. 이렇듯 은혜로운 이야기가 나올 때는 흘려 보내지 말아야 합니다. 예를 들면 목원들이 지난주의 삶을 나눌 때 의례적으로 한 사람이 끝나면 다음 사람, 다음 사람, 이런 식으로 똑같은 시간을 할애해서 이야기하다 보면 사무적인 분위기가 될 수 있습니다. 반대로 한두 사람의 말쟁이(?)들이 길게 수다를 늘어놓는 것을 방치하면 듣는 사람의 입장에서는 점점 피곤하고 목장 자체에 흥미를 잃을 수 있습니다.

그러므로 목장은 은혜 중심으로 발전해야 합니다. 이 일을 위해서 지난 한주간의 삶을 나누다가 은혜로운 이야기가 나오면 그것을 붙잡아야 합니다. 만약에 그 이야기를 도중에 끊어 버리거나 전혀 엉뚱한 주제로 분위기를 바꾸면 나눔은 심드렁해질 것입니다. 아주 심각하거나 기도해야만 하는 주제가 나올 때는 거기에 관심을 집중해야 합니다. 진지한 나눔을 할 때에 하나님은 우리 중에 누군가를 통해 말씀해 주시고 응답하실 것입니다. 그러므로 목장이 끝날 때마다 오늘 우리에게 주시려고 했던 은혜의 시발점은 어디였을까를 생각해 보셔야 합니다. 이 진리를 붙잡기만 하면 목장 모임의 황홀함을 알게 될 것입니다.

모두가 사역자입니다

가끔씩 남의 집에 갈 때가 있습니다. 잠깐만 있다가 나올 생각이었는데 본의 아니게 눌러 앉아서 이런저런 이야기를 하게 되고 융숭한 식사 대접까지 받기도 합니다. 그 집의 분위기를 보면서 식구들이 모두가 행복한가, 아닌가를 제 나름대로 평가하는 기준이 있습니다. 얼마나 좋은 집에 살고, 사회적 배경이 있느냐보다 더 중요한 것은 모두가 한마음이 되느냐 아니냐를 유심히 봅니다.

어떤 집은 주부 혼자서만 일을 하고 나머지 식구들은 제 방에 틀어 박혀 있거나 입으로만 일을 합니다. 그런가 하면 어떤 집에서는 모두가 함께 일을 하는데 일 자체가 즐겁게 보입니다. 그들은 마치 연습이라도 한 사람들처럼 각자에게 주어진 역할을 척척 해내면서 표정은 밝고 기쁨이 넘칩니다. 물론 하는 일이란 게 대단한 것은 아니지만 신발을 정리하고, 옷을 받아 걸고, 앉을 자리를 보아 주고, 손님이 하는 이야기를 진지하게 경청해 줍니다. 이렇게 편안하게 대해 주는 가정을 만나면 마음에 안정감이 생기고 이 가족이 사는 모습이 눈에 선하게 그려집니다.

'이 가족은 평소에도 서로를 배려하는구나.'

교회도 마찬가지입니다. 건강한 교회는 모두가 함께 일합니다. 행복한 성도는 자신이 하는 일에서 기쁨과 보람을 느낍니다. 최근 들어 우리 교회는 한국 교회를 섬기는 교회로 점점 더 알려지고 있습니다. 참으로 뿌듯하고 감사한 일입니다. 하지만 더 도전하고 싶은 것은 여기에서 멈추지 않고 우리 모두가 관심을 가지고 노력하기를 원하는 것은 목장에서 누구를 가르치기보다는 그가 할 수 있는 사역을 나누어 주고 도와주는 것입니다. 얼마든지 내가 할 수도 있지만 또 다른 누군가가 주님 앞에서 받을 상이 생기도록 비켜서서 섬겨주는 성숙한 목장이었으면 좋겠습니다.

그래서 목장으로 모일 때마다 내가 하는 사역에 긍지를 느끼고 그 자리를 지키고자 하는 차분한 걸음을 우리가 함께 걸었으면 좋겠습니다. 모임이 기다려지고 사역하고 싶은 마음이 뜨겁게 일어나는 목장, 이것은 우리의 기도제목인 동시에 영적 리더십입니다.

원칙은 지켜야 합니다

우리는 신약성경에 나오는 교회의 모습을 회복하기 위해 가정교회를 하고 있습니다. 가정교회를 시작한 지 햇수로 10년이 되었습니다. 목장마다 분가도 많이 했고 간증거리도 넘쳐납니다. 이제는 자타가 공인하는 가정교회의 모델이 되었으며 앞이 잘 보이지 않는 한국 교회를 섬기는 교회 중의 한 교회가 되어가고 있습니다. 참으로 감사한 하나님의 은혜입니다. 문제는 구미남교회가 외형적으로 성숙하니까 목장들 중에는 이 정도하면 충분하다는 착각에 빠져 은근슬쩍 적당히 하는 목장도 있는 것 같습니다.

어느 조직이든 백 퍼센트가 다 잘되는 곳은 없습니다. 소극적이고 부정적인 그룹의 입김보다는 긍정적이고 적극적인 그룹이 많아질 때 희망을 노래할 수 있고 미래가 보장됩니다. 그런 면에서 우리 교회는 부족하지만 잘되는 방향으로 희망차게 달려가고 있습니다. 잘되는 교회이기에 더 잘되었으면 하는 바램으로 목장 모임에 대해 진지하게 검증해 주셨으면 합니다.

우선 모임은 반드시 집에서 해야 합니다. 가정교회의 타이틀을 내걸고 혹여 교회나 식당에서 대충하는 것은 곤란합니다. 주일예배를 드린 후에 모이는 목장이 있다면 빨리 돌이켜야 합니다. 나아가 떡을 떼며 순전한 마음으로 모였던 초대교회처럼 반드시 식탁을 차려야 합니다. 풍성하고 화려한 식탁이 아니라 사랑의 애찬을 먹는 즐거움이 있어야 합니다. 사람과 사람 사이의 정이라는 것이 함께 먹을 때 생기기 마련입니다. 한 상에 둘러앉아 먹을 때 '우리'라는 공동체 의식이 형성될 것입니다. 목장은 믿음의 확신이 없는 이들에게 머리 아픈 성경공부 시간이 되어서는 곤란합니다. 그저 예배를 드렸다는 마음만으로 자위를 얻으려는 형식적인 구역예배가 되어서도 안 됩니다.

목장 모임은 사도행전에 나오는 초대교회처럼 주님의 사랑으로 하나 된 형제들이 집에서 모여서 음식을 먹고 함께하시는 하나님의 사랑과 은혜를 나누는 중에 하나님을 알지 못하는 사람을 구원하는 전도공동체가 되어야 합니다. 이래저래 바쁘고 피곤한 계절이지만 가장 본질적인 우리의 일에 소홀히 하지 않았으면 하는 간절한 마음입니다.

나눔은 목장의 꽃입니다

목장의 열매는 영혼구원입니다. 영혼구원을 위해서 성도들이 헌신하고, 영혼구원을 위해서 교회가 존재합니다. 우리는 영혼구원을 효과적으로 잘하기 위해서 하나님을 알지 못하는 사람의 마음을 얻어야 하고 그들이 고민하는 문제에 대해 답을 주어야 합니다. 그 일을 위해 삶을 나누는 시간이 목장 모임의 꽃이라고 할 수 있습니다.

누구에게나 삶의 무게가 버겁고 때로는 숨쉬기조차 힘들 때가 있습니다. 그때 누군가가 진심으로 위로해 주거나, 나보다 더 힘든 시간을 보냈던 사람들의 이야기를 들으면서 힘을 얻고, 그 사람을 통해 주시는 하나님의 위로를 받을 수 있습니다.

그런데 가끔은 철저하게 마음의 문을 걸어 잠그고 열지 않는 사람들이 있습니다. 마치 자신은 선한 삶을 살고, 모든 것을 믿음으로 다 이겨내는 거룩한 사람인 척하면서 다른 사람의 이야기만 장황하게 늘어놓거나 은근히 자기 자랑을 나눔으로 대신하기도 합니다. 분명한 것은 그렇게 이야기를 하는 사람일수록 상처가 많고 다른 사람과의 관계가 주는 행복을 잘 누리지 못합니다. 또 나눔이 솔직하지 못한 사람일수록 그의 인생에는 숨겨진 부분이 많습니다.

숨겨진 이야기가 많다는 것은 스스로를 가두어 놓고 자기 자신을 힘들게 하는 사람들입니다. 우리는 그러지 말아야 합니다. 우리는 그리스도 안에서 한 형제요 자매가 되었습니다. 만남이 기다려져야 하며, 만날 때마다 나의 연약함을 드러내야 합니다. 그럴 때마다 하나님은 우리 가운데에서 또 다른 누군가를 통해 위로해 주시거나 우리가 함께 기도할 때 은혜를 주시기 때문입니다.

나눔이 솔직하면 좋은 친구가 될 수 있지만, 사실과 다른 위선적인 나눔은 마음의 거리를 점점 멀어지게 할 것입니다.

목장을 은근히 피곤하게 하는 사람들

만난 지 얼마 되지 않았지만 금방 친해져서 친구가 되는 사람이 있습니다. 그런가 하면 알고 지낸 지 오래 되었지만 만날 때마다 조심스럽고 어색한 사람들도 있습니다. 그 이유는 여러 가지가 있겠지만 가장 쉽게 알 수 있는 방법은 그 사람이 나에게 어떤 비밀을 말해 주느냐에 달려 있습니다.

예를 들면 불가피한 일로 목장 모임에 나오지 못할 때, 자신이 언제, 어디에서, 누구를 만나, 어떤 일을 처리해야 하는지 목자에게 비교적 자세히 말해 주는 사람과 그저 단순하게 "내일은 일이 있어서 못갑니다"라고 일방적으로 통보하는 사람이 있습니다. 그럴때 목자는 '그 사람이 나를 믿지 못하는가?'라는 의구심을 갖게 됩니다. 이와 다르게 자신의 마음에 응어리져 있는 답답한 이야기를 쏟아 놓으면 상대는 더 마음이 아픈 이야기를 서슴없이 말하게 되고, 그와 함께 울고 기뻐하면서 어느새 친구가 됩니다.

또 듣기만 하고 자신의 속내를 전혀 드러내지 않는 과묵한 사람이 있습니다. 상대방이 내 이야기를 듣기만 하고 자신의 이야기는 들려주지 않을 때 우리는 자신도 모르게 그 사람에게 경계심이 생깁니다.

목장에서도 마찬가지입니다. 원치 않게 생겨나는 가슴 답답한 이야기를 속 시원히 토해 놓고 자기만큼이나 아픔이 있는 형제의 이야기를 들을 때 우리의 힘으로는 할 수 없지만 우리를 만져 주시고 회복시키시는 하나님께 기도하며 기다리는 중에 하나님의 은혜를 체험하게 됩니다. 그 응답의 체험이 있을 때 우리는 기뻐하고 감격하면서 목장의 소중함을 알게 됩니다.

끝까지 자신은 고상한 척 아픔을 나누지 않거나, 자신은 언제나 완벽한 척하는 답답한 목원이 있을 때 그 사람으로 인해 목장의 분위기가 묘해집니다. 우리의 대화에 귀를 기울이시는 하나님께 마음을 나누고 함께 기도할 때 하나님은 기꺼이 우리의 해결자이시며 인도자가 되어 주십니다. 그래서 우리는 목장을 좋아할 수밖에 없습니다.

영적으로 교만한 사람

세상에는 정말 잘나고 똑똑한 사람들이 있습니다. 그런가 하면 잘난 척, 똑똑한 척하는 어설픈 사람들도 있습니다. 두 번째 부류의 사람들은 자신이 어디에 속해 있는지를 잘 모르는 바보들입니다. 그런가 하면 정말 잘났고 똑똑하지만 자신은 늘 모자라고 부족하다고 생각하는 사람은 자신의 약점을 발견하고 고치려고 애쓰는 존경스러운 사람들입니다.

이런 사람을 만나기가 쉽지 않은 데 비해서 똑똑한 척, 잘난 척하는 사람들은 우리 주변에서 얼마든지 만날 수 있습니다. 예를 들면 목사인 저에게 들으라는 식으로 이렇게 말합니다.

"목사님, 지난주에 기독교 방송에서 서울의 어느 교회 목사님의 설교를 보았는데 정말 은혜롭게 설교를 잘 합디다. 그 목사님은 참 대단한 것 같아요. 그래서 그 교회 교인들은 정말 행복하대요. 저도 어느새 그 목사님의 열혈 팬이 되었답니다."

자신은 설교에 관심도 많고, 좋은 설교를 구별할 능력이 있다는 것을 은근히 과시하면서 저한테 좀 잘하라는 식으로 훈수를 하는 것 같습니다. 이런 말을 한두 번 들은 게 아니니까 면역이 생겨서 웃으며 넘어가곤 합니다.

이렇게 잘난 사람들은 목사 주변에만 있는 것이 아니라 목장에도 있습니다.

"목자님, 우리 교회에 이런 이런 목장은 정말 좋은 목장이라서 알려서 본을 받게 해야 하고요. 그 목녀님 음식 메뉴는 정말 상상을 초월한다는데 알고 계시나요?"

자신은 사통팔달 모든 것을 다 알고 있다는 식으로 나팔을 불며 똑똑한 척하지만 사실은 덜 떨어진 목원입니다. 물론 아직 침(세)례도 받지 않았다면 애교로 받아줄 수 있지만 대부분 목자(녀)를 힘들게 하는 사람들은 교회를 다닌 지 꽤 오래된 목원들입니다. 기도는 청산유수요 말은 얼마나 잘하는지요? 거기에다 어디에서 듣는지 교회 소식은 모르는 게 없고, 일할 때에는 잘도 빠지면서 늘 자기만 알아달라고 투정을 부리는 착한 말만 하는 교인들입니다.

교만한 사람의 정의는 다른 사람의 수고는 보이지 않고 허점만 보이며 그것을 말하고 싶어 안달인 사람입니다.

잡담과 나눔의 차이

목장의 나눔을 참관만 하는 사람들이 있습니다. 목장에 오랫동안 나왔지만 나눔의 능력을 체험하지 못한 사람들입니다. 이들은 말합니다.

"교인들이 왜 성경공부는 적당히 하고, 잡담을 그렇게나 진지하게 하는지 모르겠습니다."

나눔과 잡담의 차이는 어디에 있을까요? 이야기의 내용이나 수준에 있는 것은 아닙니다. 고상한 이야기는 나눔이고 흔히 주변에서 들을 수 있는 이야기는 잡담이 아니라, 말을 하는 그 사람의 진솔함에 따라서 잡담일 수도 있고 나눔이 될 수도 있습니다. 자신이 경험하지 않은 여기저기 떠돌아다니는 이야기를 지식처럼 하는 이야기는 잡담입니다. 그러나 아주 작고 사소하고, 자신의 삶에서 해결되지 않는 안타까운 이야기를 주고받는다면 그것은 나눔이 됩니다.

여기서 '주고받는다'는 말이 중요합니다. 어떤 사람들은 듣는 이의 마음이 어떠한지에 상관없이 혼자만 일방적으로 늘어놓아서 소중한 시간을 잡담으로 만들어 버립니다. 확신하건대 함께 하는 사람들과 소통이 되지 않으면 아무리 좋은 이야기도 잡담일 뿐입니다. 그러나 누구나 겪을 수 있는 콩알만한 이야기도 해결할 수 없어서 아파하는 마음을 내어놓을 때 서로 위로해 주고, 비슷한 경험을 주거니 받거니 이야기하는 것은 나눔이 됩니다.

그리스도인에게 나눔은 최고의 무기입니다. 누구도 해결할 수 없는 절박하고 큰 문제가 생겼을 때 그 문제를 나누는 중에 마음을 모아 살아 계신 하나님께 올려 드리면 친히 해결해 주시기 때문입니다. 목장 모임은 우리의 나눔을 들으시고 우리의 처지에 대해서 우리보다 더 아파하시는 성령 하나님께 함께 기도하며 기다리자는 결론을 내려야 합니다. 어떻게 기도할 것인가에 대해 진지하게 나눌 때 세상이 이해할 수 없는 신비로운 체험을 하게 됩니다. 살아 있는 나눔이 있기에 우리는 믿음의 교제는 진지할 수밖에 없습니다. 진솔한 나눔이 주는 은혜는 믿음을 가진 우리에게 성령님이 주시는 선물이고 특권입니다.

친정집처럼

우리 교회를 교회되게 하는 핵심은 목장입니다. 아무리 말해도 지나치지 않는 이유는 목장을 통해서 영혼구원이 시작되고, 교회를 교회되게 하는 모든 힘이 솟아나기 때문입니다. 목장의 시작은 머리 좋은 어떤 목사가 고안해 낸 프로그램이 아니라 하나님께서 사도행전에서 그 원형을 보여 주신 교회입니다.

처음 교회가 시작된 곳은 사회적으로 뛰어난 사람들의 모임이 아니라 어렵던 그 시대에 정치적으로 소외당한 사람들과 경제적으로 궁핍한 사람들, 그리고 억울한 짐을 지고 살았던 사람들이 모인 곳이었습니다. 그런 그들이 시대를 바꿀 수 있었던 힘을 가졌던 것은 예수님의 놀라운 사랑을 믿은 것에 있습니다. 그 힘으로 자신들의 집에서 모였고, 모일 때마다 연약한 자들을 위해 음식을 나누고 아픔을 위로하는 뜨거운 사랑이 있었고 그들의 힘으로 해결할 수 없는 문제가 있을 때마다 마음을 모아서 기도했습니다. 기도에 응답하시는 하나님의 성령이 능력으로 나타났습니다.

쉽게 정리하면 초대교회에 불같이 일어났던 부흥의 역사는 사랑하는 마음과 그 마음 위에 함께 하셨던 성령 하나님의 능력입니다. 그때나 지금이나 사람들은 사랑에 목말라하고 자신이 가진 능력 이상의 어떤 힘이 이끌어 주기를 소망하면서 살아갑니다. 그런 의미에서 우리 목장과 교회 위에 하나님의 능력이 임하기 위해서는 초대교회와 같아야 합니다. 그러기 위해서는 목장이 친정처럼 느껴지면 될 것 같습니다.

친정은 언제든 가고 싶고, 추억이 있고, 편안하게 음식을 먹을 수 있고, 살면서 겪는 억울한 이야기를 편하게 할 수 있고, 나를 가장 잘 아는 사람들이 있는 곳이고, 자랑할 게 없어도 친정이 있다는 사실만으로 새 힘을 얻는 그저 좋은 우리 집입니다.

우리 교회의 목장을 크게 자랑하지 않아서 그럴 뿐이지 우리 목장은 복잡한 도시를 살아가는 우리에게 하나님이 주신 친정집과 같은 곳입니다.

굳이 말하지 않아도

세상을 살면서 하고 싶은 말을 다 하면서 사는 사람이 얼마나 있을까요? 자신은 아주 솔직하고 쿨하기 때문에 숨김이 없고, 꺼릴 것이 없어서 감정과 기분을 따라 그때그때 하고 싶은 말을 다 하면서 의롭다고 착각하면서 사는 사람들이 있습니다. (그런 말을 들어야 하는 사람은 속이 새까맣게 타들어간다는 말의 의미를 알랑가 몰라?)

그런가 하면 누군가를 성공시키고 행복하게 해주는 사람은 하고 싶은 말이 있지만 끝까지 참고, 묵묵히 자신을 희생시키는 삶을 살아갑니다. 성령으로 충만한 사람들은 늘 그랬습니다. 믿음이 약한 사람들과 성경에 무지한 사람을 대할 때마다 하고 싶은 말이 있고 가르치고 싶은 열심이 넘쳐나지만 언젠가는 깨닫게 될 그날을 위해 사랑하며 섬기는 삶을 살았습니다.

우리 예수님도 십자가를 저만치 바라보면서 다시는 되돌아올 수 없는 비장한 길을 올라가셨습니다. 그러나 그 길을 함께 걷는 제자들은 깨닫지 못하고 서로가 높은 자리에 오르겠다고 자리다툼을 했습니다. 예수님은 그런 제자들을 위해 만찬을 준비하셨고, 지금은 알지 못하지만 이후에는 알게 될 것이라고 말씀하시면서 끝까지 참으셨습니다. 하고 싶은 말씀도 많았을 것이고, 따끔하게 책망할 일이 한두 가지가 아니었겠지만 사랑하셨기 때문에 말씀을 아끼셨던 예수님을 따르는 이런 삶을 우리도 살아야 합니다.

좋은 교회, 좋은 성도의 특징은 말수가 적은 만큼 섬김을 당연한 것으로 여기는 것입니다. 이들은 주님을 사랑하는 순전한 마음으로 영혼구원을 위해서 참고 또 참습니다. 어디 가서 하소연이라도 하고 싶은 답답한 일을 당하면서도 끝까지 참고 주님 앞에서 받을 상을 바라보는 사람들입니다.

그렇다면 생각해 봅시다. 목녀가 몸이 아프거나 바쁜 일이 있으면 말하지 않아도 우리 집에서 목장을 하겠다고 자원하는 것이 당연합니다. 목자가 외식을 시켜주면 나도 한 번쯤은 초대하는 것이 당연합니다. 목장을 같이 한 지가 몇 년이 되어도, 집에서 음식을 나눈 시간이 그렇게 많아도 아직도 짐을 나누어지지 않는 답답한 목원들이 있습니다. 5월을 가정의 달이라고 합니다. 목자의 가정을 생각하십시다. 굳이 말하지 않아도….

목장이 목자만의 사역이라고?

우리 교회의 세 가지 핵심은 주일 연합 예배와 '삶 시리즈' 공부와 목장 모임입니다. 이 모임들은 우리 교회만의 것이 아니라 성경에서 말하는 교회의 본래 모습입니다. 성도는 천국의 부요함을 예배에서 누려야 하고, 세상을 살면서 무디어지는 우리의 생각이 흐트러지지 않도록 삶(성경) 공부를 통해 교정하고 서로를 이끌어 주고 위로하는 목장에서 기도응답을 체험할 수 있어야 합니다.

인간학에서는 인간을 지정의(知情意)를 가진 존재라고 정의합니다. 사람은 지적 판단을 하고, 감정적으로 느끼고, 의지적으로 결단을 하는 존재입니다. 그런데 사람을 사람 되게 하는 지식과 감정과 의지 중에서 기본을 형성하는 것은 감정적인 요인이 절대적인 것 같습니다.

이 감정을 만져 주는 곳이 목장입니다. 그런 면에서 목장은 우리의 됨됨이를 만들어 주는 동시에 신앙의 기본을 체험하는 곳입니다. 하나님을 믿는다고 하면서 목장 모임에 나가지 않는 것은 부모형제가 있으면서도 함께 식사하지 않는 고집불통 못난 자식과 같습니다.

목장은 하나님 나라의 작은 가족입니다. 그래서 목장의 중요성을 아무리 강조하고 강조해도 지나치지 않습니다. 목장으로 모여서 단순히 안부나 묻고 성경 몇 구절 공부하는 지식 나눔으로 끝내는 것은 목장의 본질이 아닙니다. 목장은 우리의 영혼을 끌고 가려는 세상과의 싸움에서 더 이상 밀리지 않기 위한 영적인 상태를 점검하는 모임입니다. 그래서 모일 때마다 한 주간의 생활에 대한 안부를 묻고 고백하고 약한 자를 위해 기도해야 합니다. 기도응답을 체험하고 잃어버린 영혼을 구원하는 인명구조대의 역할을 해야 합니다. 이 엄청난 일은 목자 한 사람이 하는 것이 아니라 목장 전체가 힘을 합할 때 가능합니다.

그러므로 목장은 목자 집에서만 하는 것이 아니라 돌아가면서 해야 하고, 목자가 세미나와 교회의 다른 사역으로 바쁠 때는 아이들을 맡아 주는 등 서로의 필요를 협력하는 성숙함이 있어야 합니다. 언제까지 목자의 등에 업혀서 신앙생활하시겠습니까? 적어도 침(세)례를 받았으면 이제는 목자의 협력자가 되어서, 목자가 다른 사람에게 마구마구 자랑하고 싶은 동역자가 되어야 합니다.

목장에서 자녀와 시간을 이렇게 가지십시오

교회에서 소그룹이 활성화될 때 그 공동체는 밖을 향할 힘이 생겨납니다. 2천 년 교회사를 통해서 볼 때 교회가 부흥하거나 불신자들이 하나님께 돌아올 때 촉매로 쓰임을 받았던 곳이 소그룹이었고 특별히 교회가 처음 시작되었던 초대교회는 가정 모임에서 시작이 되었습니다. 그 모임에는 남녀가 모였고, 자연스럽게 불신자들을 초대했으며 어린아이들까지 함께 했습니다.

이런 맥락에서 우리의 목장에서 소홀히 하지 말아야 할 원칙이 있습니다. 목원들 중에서 임산부가 있으면 태아를 위한 나눔을 해주시고, 한 인격체로 참석한 어린이들이 있으면 그 아이에게도 깍듯했으면 좋겠습니다. 아이들이라고 한쪽 방으로 몰아 넣지 말고 어른들 사이에 앉혀서 함께 식사하고 찬양 부를 때에는 아이들이 좋아하는 찬양을 같이 부르기 바랍니다.

찬양 후에 성경공부와 나눔 시간 전에 아이들도 나눔을 할 수 있도록 충분히 설명해 주면 좋겠습니다. 목자가 아이들의 나이 순서대로 한 주 동안 감사했던 일과 힘들었던 일을 이야기하게 하고 그때의 마음이 어떠했는지를 진솔하게 나누십시오.

분명한 것은 아이들이 이 시간을 통해 인격체로 존중을 받게 될 때 목장의 소중함을 알게 되고 훗날 가정교회의 좋은 목자가 될 수 있을 것입니다. 아이들의 나눔이 끝나는 대로 목자의 영적인 권위로 그 아이의 기도제목에 따라서 축복해 주고 필요하면 가운데 앉게 한 후 어른들이 아이들의 어깨에 손을 얹어 축복기도를 해주면 더 은혜로운 시간이 될 것입니다.

아이들이 목장에서 자연스러운 영성을 배울 수 있도록 어른들의 나눔을 아이들도 함께 하게 하십시오. 목장은 성경을 공부하거나 격식을 갖추고 예배를 드리는 시간이 아니라 예수 그리스도 안에서 믿음의 형제자매들이 영적인 풍성함을 나누는 축복의 시간이어야 합니다.

목장은 선택사항이 아닙니다

한 사람의 됨됨이는 어떤 사람과 얼마나 자주 만나느냐에 따라서 자신도 모르게 영향을 받게 됩니다. 왜냐하면 사람은 보는 것과 듣는 것에 따라서 생각이 형성되고 자주 만나는 사람들에게 자신의 삶을 교정받을 수 있기 때문입니다. 그런 차원에서 목장은 믿음이 자라나고 지옥을 향해 달려가는 영혼을 구원하는 예수님이 부여 주신 교회의 기능을 감당하는 곳입니다. 온 교인들이 한 자리에 모여서 나눔을 할 수가 없기 때문에 소그룹으로 모여서 신앙을 점검하고 위로하며 성경이 말씀하는 원리를 지키고 실천하는 곳입니다.

목장은 일주일에 한 번은 반드시 모여야 합니다. 더 자주 모일 수 있으면 좋겠지만 일주일에 한 번은 모여야 관계가 멀어지지 않습니다. 그리고 가능하면 모임 시간을 지키는 것이 좋습니다. 특별한 경우에는 날짜를 달리할 수 있지만 너무 들쭉날쭉하면 모임을 중요시하지 않게 여길 수 있습니다. 정해진 날에 모일 수 있도록 힘써야 합니다. 모임의 시간을 정했다면 다 모이지 않았어도 정시에 기도와 찬양으로 시작하시기를 권합니다. 늦게 오는 사람의 형편도 있겠지만 사모하는 마음으로 먼저 온 사람의 마음을 귀히 여겨주어야만 점점 더 건강한 모임이 될 수 있습니다.

목장이 교회로서의 기능을 감당하기 위해서는 믿음이 약한 사람들이 더 많은 이야기를 할 수 있어야 합니다. 다른 사람의 나눔을 충분히 듣고 이야기(나눔)하는 사람을 통해서 함께 하시는 하나님의 역사에 감사할 수 있고, 함께 기도해야겠다는 기도 제목을 찾아낼 수 있기 때문입니다. 장황하게 나눔을 늘어놓기만 하고 감사거리도 기도제목도 찾아내지 못한다면 세상 모임과 별로 다르지 않겠지요?

목장 모임은 우리의 영혼을 위한 소중한 자리입니다. 모임에 자주 빠지는 것은 영적으로 하나님과 점점 멀어지고 있다는 증거이고, 참여자가 입을 열지 않는 것은 남들에게 털어 놓기 어려운 심각한 문제가 있거나 자신은 고고하다고 생각하는 영적 교만이 있다는 증거일 수 있습니다.

자신의 연약함을 아는 사람들은 함께 모여서 위로하고 격려할 때 우리 가운데 역사하시는 보이지 않는 하나님의 손길을 체험하게 됩니다. 겸손한 마음으로 목장을 섬기므로 하나님께서 서로를 통해 채워주시는 은혜와 한 영혼 한 영혼을 구원해 내는 거룩한 기쁨을 누리게 될 것입니다. 단언컨대, 목장이 없이는 신앙이 자라지 않고 영혼을 구원할 수도 없습니다.

더 좋은 나눔을 하려면

목장은 하나님께서 우리에게 주신 가장 핵심적인 공동체입니다.

조직도 엉성하고 식사 후에 하는 나눔도 대단할 것이 없습니다. 그럼에도 불구하고 나눔을 통해 기도제목을 나누고, 나눔 시간에 하나님의 임재와 응답을 체험하게 됩니다. 왜냐하면 목장 모임은 세상 사람들의 모임이 아니라 우리 가운데 하나님을 초대하는 간절한 나눔이 있고, 성령 하나님께서 귀를 기울여 주시고 만져 주시는 영적인 역사가 있기 때문입니다. 그런 차원에서 목장에서의 나눔을 한 번 점검해 보시기를 바랍니다.

지난 주간에 내게 일어난 기쁨과 슬픔을 통해서 하나님께서 무엇을 보여 주셨는지 혹은 말씀을 듣는 중에 마음에 어떤 결단을 하게 되었는지를 나누십시오. 하나님과 멀어지게 하는 어떤 시험을 받았는지 그 시험을 이겨내기 위한 노력과 그때의 느낌은 어떠했는지를 나누는 것입니다. 시험은 주로 사람을 통해서 오며, 가까이 있는 배우자와의 대화에서 내가 어떻게 반응했는지를 살펴보면 시험에 어떻게 반응했는지를 알 수 있습니다.

부부 사이에는 별 문제가 없을지라도 부모와 자녀 사이에서 자주 넘어지고 심지어는 넘어진 사실조차도 모를 때도 있습니다. 부모는 자녀들에게 상처를 입히는 말과 행동을 하고도 자녀를 사랑하기 때문이었다고 애써 설명합니다. 그러나 진정한 사랑이 아닌 내 욕심으로 또 체면을 위해서 자녀를 힘들게 한 경우들이 많습니다.

문제는 그렇게 하고도 너무 쉽게 잊어버리거나 비쁜 일상에 쫓겨 지나쳐 버리면 하나님과 우리 사이가 점점 멀어진다는 것입니다. 목장 모임에서는 지난 주간에 있었던 하나님과 우리 사이를 멀어지게 한 이러한 요소를 찾아내고, 부족하지만 우리가 하나님을 위해서 어떤 일을 시도했으며, 나의 시간과 물질을 어떻게 사용했는지를 나누는 것이 좋습니다.

이런 나눔을 하면 연약한 우리는 서로를 위해 기도할 수밖에 없습니다. 이 기도로 한마음이 될 때 하나님께서 우리를 만져 주시고, 응답해 주시는 은혜로 인해 하나님이 믿어지고 영혼을 구원하는 전도가 이루어집니다. 좋은 나눔은 하나님을 체험하게 되고 은혜를 가져오는 축복이 됩니다. 나눔이 풍성해야 목장이 목장다워집니다.

초원을 재편성한 이유

목장을 섬기는 목자(녀)들도 때로는 지칠 수 있고 위로받고 싶을 때가 있습니다. 그래서 목자들이 모이는 초원이 있으며 초원을 섬기는 초원지기를 중심으로 서로의 정보를 교환하고 더 잘 섬기기 위해서 격려하며 기도 제목을 나누기도 합니다. 무엇보다도 가정교회의 기본기에 해당하는 '보면서 배우는' 생생한 공부를 선배 목자에게서 전수받는 곳이 초원입니다.

이렇게 모여진 초원의 목장이 많아질 때 초원도 목장처럼 분가해서 나눔과 섬김을 자연스럽게 할 수 있습니다. 문제는 초원이 같은 가문(?)에서만 분가하다 보니 같은 초원에 속한 성도들은 친밀하지만 그렇지 않은 성도들끼리는 서먹한 경향이 있습니다.

특별히 목장이 다른 성도의 경조사에 소홀한 것 같아서 초원지기를 중심으로 같은 초원의 다른 목장 성도들의 경조사에도 의무적으로 참여하자고 독려했습니다. 그 결과 초원끼리만 모여도 제법 많은 숫자가 동원되고 단합되는 아름다운 모습을 볼 수 있었습니다.

그런데 이번에는 한 단계 더 높여 초원을 완전히 재편성하려고 합니다. 지금까지 함께 했던 초원지기가 아닌 새로운 초원지기를 만나서 목자들과 초원지기들의 친밀감을 도모하기 위해서입니다. 교회 안에서 서로 잘 모르던 목원들이 교회의 이런저런 행사를 통해 한 초원에 있다는 사실만으로도 얼마든지 서로를 알아 갈 수 있는 좋은 기회가 될 것입니다.

나아가 초원의 이름을 아예 실명으로 바꾸었습니다. 예를 들면 전에는 구건성 장로님이 초원지기였던 '희락초원'을 '구건성 초원'이라고 부르기로 했습니다. 자신이 속한 초원과 초원지기가 한층 가깝게 느껴지고 실제로 가까워지기를 기대합니다. 교회가 외형적으로 조금씩 커지면서 자칫하면 멀어지기 쉬운 관계들을 회복하고 발전할 수 있는 좋은 기회가 될 것입니다.

초원이 활성화되어야 합니다

어릴 때 저는 전형적인 농촌 교회를 다녔습니다. 신학교를 졸업할 즈음에는 시골의 작은 미자립 교회에서 목회를 시작했습니다. 그러다 보니 큰 교회에 대한 막연한 두려움과 함께 큰 교회 목사는 굉장한 능력이 있을 거라는 생각에 열등감으로 주눅이 들어 있었습니다. 그래서 목사 안수를 받을 즈음에는 150명쯤 출석하는 교회의 담임목사들이 존경스러웠고 쉽게 말도 걸지 못했습니다.

그런데 이게 어찌 된 일인지 언제부터인가 사람들이 저에게 '큰 교회의 목사'라는 꼬리표를 붙여 주었습니다. 저 자신은 우리가 큰 교회이거나 제가 큰 교회에 어울리는 목사라는 생각을 해본 적이 없습니다.

오히려 시골스럽고 한 주 한 주를 하나님의 은혜로 교회를 섬기며 도와주는 장로님들이 형님 같고, 때로는 친구처럼 느껴져서 그저 고마울 뿐입니다. 제가 자부심을 갖는 것은 우리 교회가 어떤 교회보다 더 성경적인 교회를 이루어가려고 애쓰면서 교인들이 지치지 않도록 한 단계씩 성숙을 이루어가고 있다는 것입니다.

가정교회로 전환할 때도 수적 부흥이나 재정적인 성장을 바랐던 것이 아닙니다. 오히려 교인 수가 줄어도 하나님이 기뻐하시는 교회가 되게 하려는 거룩한 욕심이 강했습니다. 이제 교회에 대한 저의 또 다른 간절한 바람은 교회 안에서 가정의 행복을 느끼는 것이 목장이라면, 이제는 교회 안에서 교회를 체험하게 해주는 초원의 기능이 더 활성화되는 것입니다.

교회 출석 인원이 실제로 1,500여명이 되면서 교회공동체가 누려야 하는 모든 성도들간의 관계가 조금은 소홀할 수밖에 없었습니다. 그런데 이 일을 충족시켜 주는 곳이 초원이 되었으면 합니다. 가끔씩 초원지기를 중심으로 교회에서 모임을 갖거나 1박 2일로 나들이를 떠나는 모습을 볼 때 얼마나 기쁜지 모릅니다.

올해에는 초원이 더 활성화되고 교제의 깊이가 더욱 깊어지는 단계로 나아갔으면 하는 바람입니다.

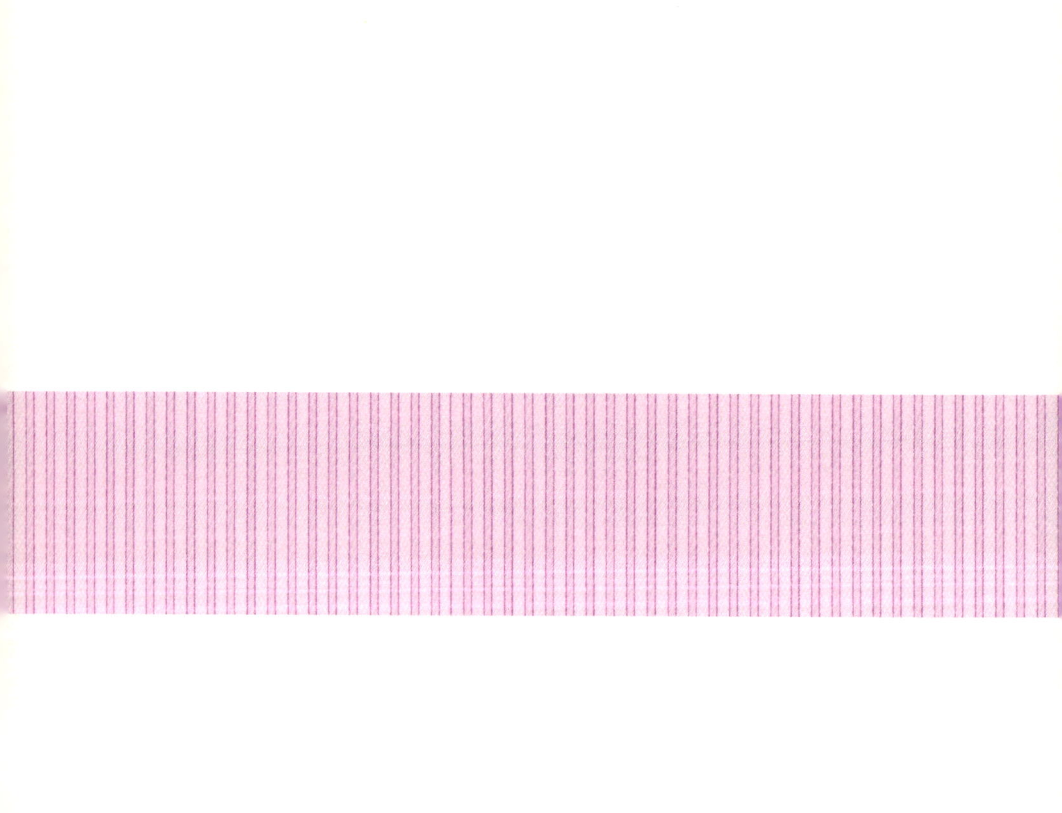

Ⅳ

목장의 리더인 목자와 목녀

목자(녀) 따라 하기 / '목녀'라는 말이 뭐 어때서? / 섬길 수 있는 기회를 드립니다 / 좋은 목장, 좋은 목자 / 목자(녀)는 영혼의 부모입니다 / 목자(녀)는 어떤 사람이 하는가? / 입이 쩌억 벌어지는 이야기 / 목자는 누가 하는가? / 우리 목녀님

Ⅳ
목장의 리더인 **목자**와 **목녀**

목자(녀) 따라 하기

우리 교인들의 가장 큰 장점은 자기들의 목자를 항상 생각한다는 것입니다. 뿐만 아니라 실제로 사랑하고 따르는 면에 있어서도 분명히 다른 점이 있습니다. 예를 들면 목자(녀)의 생일이나 결혼기념일이 다가오면 홈페이지에 "우리 목자(녀)님의 생신입니다. 꼭 축하해 주세요"라는 글들이 올라오고 큰 장미꽃 다발들이 화면을 가득 채웁니다.

그런데 제 생일이 언제인지는 아는 사람도 없거니와 제가 관심의 대상에서 제외된 지 꽤 된 것 같습니다. 저는 여러분이 제 생일을 기억 못한다고 절대 서운해 할 생각은 추호도 없습니다. 그리고 이 글을 읽고 제 생일을 알아달라고 하는 것도 아니니 오해하지 말아 주십시오.

목장에서 사랑을 나누고 축하를 하며, 때로는 연약한 목원의 자존심이 상하지 않도록 위로하며 실제적인 도움을 주는 모습이 얼마나 흐뭇한지 모릅니다. 마치 연로한 부모가 자녀끼리 서로 의지하고 힘이 되어주는 모습을 바라보는 심정처럼 말입니다.

가끔씩 우리 교회에 등록했지만 아직 침(세)례를 받지 않은 분과 식사하면서 이런저런 이야기를 나누면서 신앙생활에 도움을 줄 때가 있습니다. 예전 같으면 교회에 대한 불신이나 교인들에 대한 실망과 부정적인 선입관을 많이 듣는데 요즈음은 제가 질투(?)할만 한 이야기들을 많이 듣습니다.

"목사님, 우리 목자님은 정말 속이 없는 사람 같아요."

"목사님, 우리 목녀님은 저보다 한참이나 나이가 어린데도 마치 큰 언니 같아요."

"목사님, 우리 목자님은 제가 지금까지 보아왔던 사람들과는 완전히 딴판인 거 있지요. 정말이지 남교회에 잘 왔다고 생각해요."

"목사님, 일주일 중에서 금요일이 제일 좋아요"라고 하다가 제가 빤히 쳐다보면 조금은 민망한지 "그렇게 모인 우리가 주일에 다시 모이면 완전히 천국잔치를 하는 것 같아요"라고 합니다.

너무나 흐뭇하고 감사한 것은 믿음으로 살아가는 우리에게 막연했던 것이 구체적으로 보이며, 자신도 모르게 행복해 하고 있습니다. 이런 말이 나오기까지는 우리 목자(녀)들의 많은 사랑과 섬김이 있었습니다. 이제 조금만 더 시간이 지나면 목사도 좋다고 할 그날이 곧 오겠지요?

'목녀'라는 말이 뭐 어때서?

하나님을 인격적으로 만나면 자신도 모르는 많은 변화가 있습니다. 그중에서도 대표적인 두 가지는 가정적인 사람으로 변한다는 것과 긍정적인 말을 자연스럽게 하게 된다는 것입니다. 지금까지는 스스로의 힘으로 살려고 노력해도 한계가 있었지만, 이 사람, 저 사람에게 실망하며 살던 중에 살아 계신 하나님을 인생의 주인으로 모신 후에는 기도할 때마다 기이한 능력이 나타나는 것을 체험하기 때문입니다.

최근에 이웃 교회에 다니는 어떤 분이 우리 교회를 좋아해서인지 질투해서인지는 모르겠지만 식권 판매와 '목녀' 호칭에 대해서 이러쿵저러쿵 얘기를 했습니다. 그분은 이렇게 말씀했습니다.

"교회가 왜 돈을 받고 밥을 줍니까? 그럴 바에는 차라리 점심 식사를 하지 말든지 그저 주시는 하나님의 은혜에 위배되는 것입니다."

저는 웃으면서 말했습니다.

"중요한 것은 우리 교인들은 영혼구원을 위하는 것과 구제와 선교를 위해서라면 웬만하면 순종하기에 문제가 되지 않습니다."

우리 교인들은 하나님께 드린 헌금에 대해서는 우리의 필요를 위한 일이기 때문에 삼가는 것이 좋겠다는 원칙에 따라 개인적인 필요는 개인이 부담하는 것을 지키려고 합니다. 한 걸음 더 나아가 식권을 사용함으로 오히려 다른 사람을 섬길 수 있는 좋은 기회가 되기도 합니다.

그분은 또 "가정교회의 시스템은 성경적인 것 같지만 '목녀'라는 호칭은 어감이 이단 같은 느낌이 든다"고 했습니다.

이단 운운하는 이유는 잘 모르겠지만 우리 교인들은 자연스럽게 '목녀'라는 호칭을 사용합니다. 중요한 것은 그 속에 담긴 의미를 이해할 정도로 우리 성도들의 수준이 높기 때문에 아무 문제될 것이 없습니다.

저는 설명을 하면서 농담을 하나 덧붙였습니다.

"아니 목자의 아내를 목녀라고 하면 되지, 목처라고 부를순 없지 않습니까? 그리고 소리 나는 대로 하면 몽녀(夢女)인데 하나님 나라를 꿈꾸는 여자라는 깊은 뜻이 있습니다."

목녀님! 부를수록 존경스럽고, 목녀님! 들을수록 사랑스러운데 그게 뭐 문제입니까? 좋은 쪽으로만 생각하면 하나님 나라가 거기에 있는 것을….

섬길 수 있는 기회를 드립니다

이제 곧 1박 2일 동안 목자 수련회를 갖습니다. 이 수련회는 교회에서 일 년에 한 번 목자(녀)들의 수고에 감사의 마음을 전하는 날입니다. 목자들에게는 이 수련회가 목원들을 더 잘 섬기기 위해 공부도 하고 재충전을 하는 시간입니다.

올해 수련회에는 최광칠 집사님을 강사로 모셨습니다. 이분은 세계에서 제일 큰 건설회사인 미국 백텔에서 아시아인으로서는 처음으로 부사장까지 오른 분입니다. 물론 최 집사님의 사회적인 명성때문에 모신 것은 아닙니다. 우리가 관심을 가지고 모신 것은 그분은 중요하고 바쁜 중에도 교회의 일이라면 최우선적으로 여기고 목자의 사역을 누구보다 모범적으로 잘 하기 때문입니다.

귀한 분을 통해 섬기는 자의 삶이 어떠하며 진정한 지도자는 어떻게 살아야 하는지를 배우고 토론하는 중에 목원들을 더 잘 섬기는 귀한 기회로 삼을 것입니다. 수련회를 준비하면서 여러분에게 부탁하고 싶은 일이 한 가지 있습니다.

우리 교회에는 어린아이를 둔 가정이 많습니다. 그래서 목자 수련회에 부득불 참석하지 못하는 가정이 있습니다. 꼭 참석하고 싶은데 아이들을 데리고 가면 강의에 집중할 수 없고, 초원별로 모임을 가지는 일도 여간 불편한 것이 아닙니다.

그래서 젖을 떼지 않은 아기 외에는 어린아이들을 수련회에 데려오는 것을 금하고 있습니다. 상황이 상황이니 만큼 여러분의 목자가 수련회에 불참하는 일이 없도록 여러분이 아이를 좀 맡아 주면 좋겠습니다. 평소 받은 섬김에 대한 품앗이라고 생각하고 목자의 자녀들을 섬겨주면 앞으로 더 좋은 관계가 만들어질 것입니다. 사람의 일에는 오가는 것이 있을 때 흥이 나고 신이 나기 마련입니다.

이번 수련회에는 적어도 아이들 때문에 참석 못했다는 말이 나오지 않도록 자발적인 섬김이 우리 교회 안에서 훈훈하게 일어났으면 좋겠습니다. 이번 수련회에 여러분의 목자 등을 떠밀어서라도 참석하게 해주십시오. 배우는 만큼 젊어지고 함께 하는 만큼 우리 가운데 역사하는 힘이 넘쳐날 것입니다.

좋은 목장, 좋은 목자

20여 년 전, 청년 때에 제 인생의 목표는 목사가 되는 것이었습니다. 그래서 직장을 다니면서 열심히 공부해서 드디어 신학대학교에 입학하게 되었습니다. 그런데 스스로 냉정하게 분석한 결과 제가 목사가 될 만한 재능이 없다고 판단했습니다.

왜냐하면 저는 타고난 음치로 예배 인도자로서 절대 부적격자입니다. 그래서 그해 신학을 포기했습니다. 그러나 다음해 다시 용기를 내서 신학을 시작했습니다. 그리고 20년이 지난 지금에 와서 보니 저보다 노래 못하는 목사도 많고 실제로 유명한 분들 중에는 제 수준과 비슷한 분들도 꽤 있었습니다. 재능보다는 마음이 중요합니다.

우리 교회에는 많은 목자가 있습니다. 목자들 중에는 목사보다 뛰어난 소양과 재능을 갖춘 분들이 많습니다. 더구나 열심히 묵묵히 잘 섬기는 모습은 얼마나 사랑스러운지요. 그래서 든든하고 자랑도 많이 합니다. 목장으로 전환한 지난 4년에 대한 평가는 '대만족'입니다. 어떤 목장이 행복할까? 어떤 목장이 분가가 잘 될까? 어떤 목장을 하나님이 기뻐하실까? 등등을 생각하다가 놀라운 사실 하나를 발견했습니다.

그것은 목자에 따라 목장의 색깔이 다르고 목원들의 헌신도 다르다는 것입니다. 목자가 막혀 있으면 목원들도 마음을 열지 않았고, 목자가 똑똑하면 목원들은 걸똑똑해지고, 목자가 비판적이면 목원들은 들은 풍월을 읊습니다. 그러나 목자가 좀 어수룩해서 잘 들어주면 목원들이 신나하고, 목자가 다른 것은 할 줄 아는 게 없다면서 궂은 일에 앞장서면 목원들도 땀 흘리는 것을 당연한 것으로 여기고, 목자도 배워야 한다면서 '삶 시리즈'에 앞장서면 목원들은 다음에는 무엇을 공부해야 하느냐고 한발 앞서 묻습니다.

많이 가르치려는 선생이 되기보다는 섬기는 자가 곧 지도자입니다. 하나님도 그런 사람들 사이에서 살고 싶으시다 하셨지요?

목자(녀)는 영혼의 부모입니다

조건 없이 한 사람을 사랑하고 섬기는 일은 결코 낭만적인 일이 아닙니다. 그러다 보니 목자(녀)의 일이 너무나 버거워서 그만 내려놓고 싶을 때도 있습니다. 성도들의 사랑을 누구보다 많이 받는 저도 아주 가끔씩 그런 마음이 들 때가 있는 것을 보면 목자들이야 오죽하겠습니까? 목자 사역이 힘은 들어도 재미있어 좋아 죽겠다는 분들도 있는 반면, 오만상을 쓰면서 마지 못해 하는 분들도 있습니다.

목자의 사역에 왜 차이가 날까요? 근본적인 이유는 목자와 목원의 관계성을 잘못 이해하고 있기 때문입니다. 목자는 영혼을 돌보는 사람으로 자신의 사역을 통해 맡겨진 영혼들을 하나님의 자녀로 반듯하게 세우는 사역자입니다. 생각해 보십시오. 자녀를 돌보는 부모가 무던히 참고, 기다려 주면서 오히려 그 자식놈에게 때로는 져주는 이유는 한 가지입니다. 자식이기 때문입니다. 목자들이 이 마음을 놓친다면 그 순간부터 목자의 일은 끊임없이 힘들고, 해야 할 이유조차 불분명하게 될 것입니다.

또 하나는 목자를 통해서 구원받은 사람이 없을 때 피곤합니다. 가정교회에서 목자는 영혼을 구원하여 하나님의 교회로 인도하는 사람이지 가르치는 선생은 아닙니다. 가르치려고 하면 자신도 모르게 그 사람을 업신여기게 됩니다. 무시하는 듯한 분위기가 조성되는 순간 그 사람은 목장과는 거리를 두게 될 것이고, 그때부터는 목자 자신도 점점 더 피곤해집니다. 목자의 마음은 목사의 마음과 예수님의 마음과 같아야 합니다. 한 영혼을 사랑하되 끝까지 사랑하고 그 사람이 하나님의 자녀로 온전히 세워질 때까지 온전히 기다려 주어야 합니다.

우리 예수님처럼 언젠가는 알게 되리라는 마음으로 사랑할 뿐입니다. 이 일이 어디 목자(녀)만의 일이겠습니까? 믿음으로 살아가는 모든 사람의 마음이지요.

목자(녀)는 어떤 사람이 하는가?

당회에서 앞으로는 목자가 될 사람의 성품과 신앙을 철저하게 검증한 후에 임명했으면 좋겠다는 의견이 있었습니다. 맞습니다. 목자(녀)의 성품과 신앙은 혼자만의 것이 아니라 많은 이들에게 절대적인 것이기에 아무나 임명되지 않도록 신중해야 합니다.

현실을 살펴보면 대부분의 목자들이 힘들어 하고 안타까워하는 것은 예비 목자가 세워지지 않아서 받는 분통이라고 합니다. 여기서 분통이란 화장할 때 사용하는 분을 담은 그릇이 아니라 사람의 속을 뒤집어 놓아서 내 안에 쌓여 있는 화(분)라는 뜻입니다.

우리의 죄를 용서받고 하나님의 자녀로 살아가는 길에는 두 단계가 있습니다. 첫째는 죽었던 내 영혼이 누군가의 도움을 받아서 예수님께로 인도함을 받고 믿음으로 반응해서 하나님의 자녀가 되는 것이고, 둘째 단계는 이 사실이 확실하게 믿어지면서부터 이제는 나도 누군가를 돕는(섬기는) 삶을 살아가는 지극히 당연하고 자연스러운 결단을 하는 것입니다.

그런데 교회의 존재 목적은 영혼구원하여 제자 삼는 일임에도 불구하고 성도들 중에는 예수님을 믿는 것은 좋고 섬김을 받는 것에는 익숙하지만 정작 자신은 섬기는 삶은 감당하지 못하겠다는 얌체족(?)이 있습니다. 교회를 다닌 지 오래되었고, 직분까지 받았음에도 불구하고 목자(녀) 사역을 못하겠다고 하는 이유는 한 가지입니다. 아직도 구원의 은혜가 얼마나 크고 감사한지를 뼈저리게 실감하지 못했기 때문입니다. 예수님을 영접하고 침(세)례를 받은 지 3개월 만에 목자가 된 사람이 '내가 하나님의 은혜를 아는 사람으로서 가만히 있을 수가 없어서 부족하지만 귀한 사명을 감당하기로 했다'고 고백했습니다.

목자(녀)는 누가 하는가? 은혜는 받은 것이 있기에 나누는 삶을 사는 것이며, 사명은 잘나서 하는 것이 아니라 부름에 기꺼이 응답하여 사는 삶입니다. 은혜와 사명감으로 한 영혼을 위해 섬기고 싶은 마음이 있으면 목자가 됩니다.

입이 쩌억 벌어지는 이야기

우리 교회의 목자들에게도 귀한 분을 소개하고 싶어서 초청했습니다. 2011년 목자(녀) 수련회 때 만난 김홍근/김은미 목자(녀) 부부입니다. 두 분의 간증을 들으면서 받은 감동과 은혜를 한마디로 표현하면 "입이 쩌억 벌어지더라"입니다.

이들은 휴스턴 서울교회의 집사(장로교회의 식으로 말하면 장로)이며 싱글(청년부) 목장의 목자인 동시에 초원지기를 무려 17년 동안 하다가 사업차 한국에 머물고 있습니다. 물론 한국에 들어오자마자 자원해서 목자로 섬기고 있습니다. 간증을 요약하면 이렇습니다.

17년 동안에 목장을 쉬어 본 적은 단 한번 뿐입니다. 목장 모임으로 자기 집에 와서 밥을 먹는 사람이 매주 평균 40~50명이며, 숫자가 많았을 때는 무려 65명까지 모였다고 합니다. 숫자가 많다 보니 찬양과 말씀은 전체가 모여서 하고, 나눔은 8개 조로 나누어서 일층과 이층을 최대한 활용해서 모였다고 합니다. 청년들 60여 명이 밥을 먹고 차를 마시고 몇 시간씩을 휘젓다가 돌아간 후의 흔적이 어떠하리라는 것은 상상하고도 남음이 있습니다. 그럼에도 불구하고 하나님의 마음을 기쁘시게 하는 영혼구원 사역이기에 금요일의 목장과 매주 화요일에는 조장들을 위해 한 번 더 밥을 해서 먹이는 목장 모임을 가졌다고 합니다.

김은미 목녀는 우리 교회보다 훨씬 큰 교회의 공적인 모든 예배에 반주와 찬양 지도 사역을 사례비 없이 섬기는 피아니스트입니다. 더 놀라운 것은 목장 사역을 위해 다른 도시에서 공부하던 대학생인 두 아들을 8년 동안 한 번도 찾아가지 못했다고 합니다. 그 아들들이 마침내는 부모님처럼 목자가 되었으며, 하나님은 물질로 헌신하던 이 가정을 책임져 주심으로 물질의 복을 넘치도록 부어 주셨습니다.

마치 사업처럼 사역을 하던 분들에게 하나님께서 친히 인도하심을 보여 주는 행복한 표정이었습니다. 우리의 목자들도 언젠가는 이런 간증을 할 수 있겠지요?

목자는 누가 하는가?

몇 년 전에 가정교회로 전환을 한 교회가 있습니다. 그 교회의 장로님 중에는 우리 교회 출신도 있고 제가 전도사 시절에 같이 주일학교 교사로 사역했던 사람도 있었습니다. 이런저런 이유로 그 교회를 위해 특별히 가정교회 세미나로 섬기면서 겪었던 이야기입니다. 첫 시간에는 세미나에 참석한 사연과 공부하면서 얻고 싶은 것 한 가지를 차례대로 이야기했습니다.

자신들의 배경 탓인지 – 참석하신 분들 65명 중에서 37명이 박사학위 소지자였습니다. – 아니면 우리 교회를 조금 낮추어 보아서인지는 몰라도 첫인사치고는 제 귀에 좀 거슬리는 무례함이 있었습니다.

"우리 교회의 담임목사님께서 왜 서울에 있는 교회를 두고 지방에 있는 구미에 가서 교육을 받으라고 했는지 그 이유가 궁금합니다."

“가정교회가 성경적이어도 우리는 집이 좁아서 못합니다.”

이런저런 질문을 똑 소리 나게 물어왔습니다. 그런데 세미나가 끝나갈 무렵 서울이 아닌 구미에 오게 된 것이 궁금하다고 했던 분은 눈물을 훔치면서 말을 잇지 못했고, 집이 좁아서 못하겠다고 했던 분은 하필이면 자기 집보다 더 좁은 집을 배정받아 교육을 받았는데 너무 큰 은혜를 받아 자신도 순종하겠다고 했습니다.

목장을 통해 예수님을 영접한 사람들 중에는 “목자의 집이 너무 좋다면 매주 부담이 되어 가는 게 쉽지 않았을 것이고, 오히려 자기 집보다 적당히 지저분한 것이 더 편안했다”고 말하는 이들이 많습니다.

“목자가 부자여서 여윳돈으로 음식을 장만하고 섬겨 주었다면 감동이 덜 되었을 텐데 오히려 형편이 어려운 중에도 기쁨으로 섬기는 모습에 매주 감동을 받았습니다.”

“목자가 성경 지식이 많아서 자신을 주눅 들게 했다면 차라리 입을 다물었을 텐데 뭘 물으면 자신도 잘 모른다는 말에 친밀감을 느꼈고 그래서 여러 단계의 삶 공부를 하게 되었습니다.”

많이 소유하고, 많이 배워야만 주님의 일을 하는 것이 아니라 구원의 확신과 주님을 사랑하는 마음으로 천하보다 귀한 한 영혼을 구원하였다니까요.

우리 목녀님

지도자 배우자의 중요성은 아무리 강조해도 지나치지가 않습니다. 왜냐하면 지도자가 아무리 잘해도 그 배우자의 삶이 덕스럽지 못하면 한순간에 무너지기 때문입니다. 교회도 예외는 아닙니다. 목회자가 기도하고 열심히 준비하여 영적인 은혜를 끼쳐도 배우자(사모)의 덕스럽지 못한 모습 때문에 교회가 어려움을 겪는 경우가 의외로 많습니다.

목장도 그렇습니다. 목장(교회)의 본질은 교회의 기능과 같아서 영혼구원하여 예수님의 제자를 삼는 사명을 위해 존재합니다. 목장은 목자가 앞장서서 모범을 보이는 선한 열심으로 영혼구원이 이루어지지만 목장이 죽을 쑤고 있거나 목원들이 힘들어하는 목장은 대부분 목녀가 목자를 제쳐두고 모든 것을 다하는 소위 너무 드센 목녀의 영향이 크기 때문입니다. 여기서 '드세다'는 말은 복합적인 용어이기는 하지만 진지하게 생각을 해보자는 뜻에서 말씀드립니다.

현대인들은 일상이 너무 바빠서 늘 피곤에 지쳐 있습니다. 그래서 어느 곳에서든 위로받고 싶고, 자신의 힘든 상황을 알아주기를 바라는 심정으로 교회와 목장에 찾아옵니다. 그래서 목녀가 웬만한 것은 다 품어주고 받아주어야 하는데 가끔씩 마치 교사라도 된 것처럼 가르치려다 보니 새가족이 정착하지 못하고 소리 없이 교회(목장)를 떠나는 일이 생깁니다.

어떤 목장에는 목원이 신앙적으로 잘 자라서 목자로 세움을 받지만, 어떤 목장은 침체를 겪으면서 목원들이 교회를 떠나기까지 하는데 그 이유는 목장에서 위로 받지 못하고 오히려 스트레스를 받기 때문입니다. 그래서 목회가 어렵고 목장이 호락호락하지 않은 겁니다. 좋은 목녀는 음식을 만드는 일에는 분주하되 나눔을 할 때는 말수가 적어야 하며, 목원들이 마음에 있는 이야기들을 다 끄집어낼 수 있도록 편안한 분위기를 만드는 친정 엄마와 같아야 합니다.

그래서 "우리 목녀님!"이라고 부를 때마다 품이 넓은 친정 엄마가 생각나고, 우리 목녀님을 볼 때마다 젊은 시절 이상형으로 생각했던 마음 착한 여성을 이제야 만난 것처럼 느껴지는 그런 목녀님이 되었으면 좋겠습니다. 목장이 좋을 수밖에 없는 것은 이런 헌신과 수고로움이 있을 때입니다. 목녀! 세상에서 가장 아름다운 이름으로 기억되기를 축복합니다.

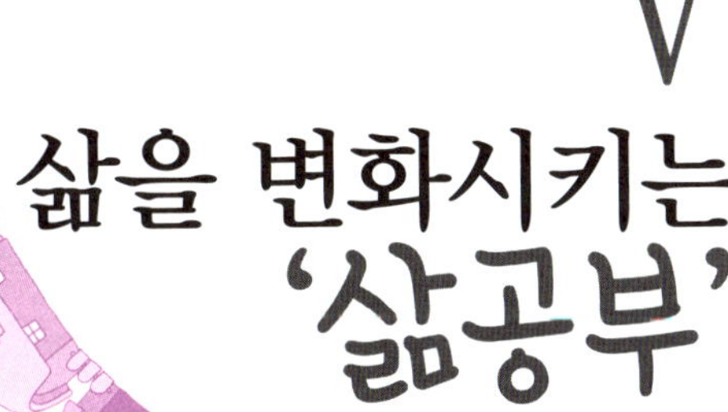

V
삶을 변화시키는 '삶공부'

〈생명의 삶〉을 공부해야 하는 이유 / '삶 시리즈'는 함께 하는 사역입니다 / '삶 시리즈'라고 부르는 이유 / 우리 교회의 진짜 자랑거리 / '삶 시리즈'는 초신자를 위한 것이다? / 성경공부를 함께 해야 하는 이유 / 설렘으로 시작하는 '삶 공부'

V
삶을 변화시키는 '삶 공부'

〈생명의 삶〉을 공부해야 하는 이유

지난주 오후 예배 시간에 148명이 '생명의 삶'을 수료했습니다. 숙제와 암송을 잘 따라 해주신 분들에게 감사의 인사를 전합니다. 특별히 장로님들과 권사님들이 "내가 새삼스럽게 이런 공부를 다시 들어야 하느냐?"라고 항의하지 않으시고 열심히 참석해 주신 것에 대해 감사드립니다. 함께 수료하신 분들이 말하기를 장로님들이 오히려 앞자리에 앉으셔서 진지하게 질문하고 함께 어울려주는 모습에 감동받았다고 합니다.

수료자들 대부분은 기대를 가지고 자발적으로 참석했지만 몇몇 분은 아내의 권유나 주위 분들에 의해 억지로 공부하신 것 같습니다. 이러나저러나 소정의 과정을 마치고 나니 하나님에 대해 오해했던 여러 부분들을 깨닫게 되었고, 이제는 내가 그리스도인이라는 구원의 분명한 확신을 가지게 되었고, 그 기쁨이 마음에 잔잔히 흐르면서 나도 교회와 성도를 섬기며 헌신하고 싶은 강한 마음이 생겨났다고 고백했습니다.

이처럼 많은 분들이 바르게 신앙생활을 하겠노라고 다짐하는 모습은 전적으로 우리를 사랑하시는 하나님의 은혜요 축복입니다. 이제 6월 첫째 주부터 다시 '생명의 삶'을 시작합니다. 제2기부터는 가능하면 목장마다 수강자를 추천해 주셔서 49개 전 목장에서 골고루 참여하는 전통을 만들어 가고 싶습니다. 그렇게만 된다면 모임 때마다 자연스럽게 '생명의 삶'을 공부하는 내용이 또 하나의 이야깃거리가 되고, 자연스럽게 신앙의 색깔이 같아지는 것을 보게 될 것입니다.

물론 지금까지 신앙생활을 하면서 여러 종류의 성경공부를 했을 것입니다. 저 역시 다양한 종류의 성경공부를 인도해 보았지만 크게 부담이 되지 않으면서도 가장 본질적인 내용을 다루고 있는 것이 바로 이 '삶 시리즈'입니다.

참된 그리스도인은 우리 가운데에 거하시는 하나님 은혜의 기쁨을 누릴 수 있어야 하고, 성령 하나님은 우리 가운데에 역사하시기를 원하십니다. 그러므로 '생명의 삶'부터 시작하십시오. 배운 만큼, 은혜를 받은 만큼 섬기는 기쁨을 알게 될 것입니다. 우리 교회의 교인은 '삶 시리즈'가 선택 사항이 아니라 반드시 함께 해야 할 필수과목입니다. 함께 지어져 가는 하나님의 나라에 기쁨으로 초대합니다.

건강한 교회는 말씀이 살아 있어야 하고, 말씀을 사모하고 최선을 다해서 공부하는 성도들이 많을 때입니다. '생명의 삶'을 수료하신 분들에게는 '새로운 삶'으로 초대합니다. 살아 움직이는 말씀이 우리의 마음에서 마음으로 흐르는 거룩한 역사를 꿈꾸어 봅니다.

'삶 시리즈'는 함께 하는 사역입니다

주일 저녁마다 온 교회의 불을 환하게 밝히면서 '삶 시리즈'를 공부하기 위해 몰려오는 성도들을 기쁨으로 맞이합니다. 매번 느끼는 것이지만 함께 공부하는 여러분을 대하면서 이번 기수에는 '하나님께서 어떤 특별한 은혜를 주실까?'라는 기대감이 있습니다. 너무나 행복한 사역입니다. 왜냐하면 제가 인도하는 '생명의 삶'을 수강하기 위해서 오신 분들은 대부분이 우리 교회에 처음 오셨기 때문입니다.

삶 시리즈를 공부할 때 첫 시간에는 자신을 간단하게 소개합니다. 그때 '누구의 인도로 목장에 참석하게 되었고 우리 목자(녀)님의 사랑에 못 이겨서 이 공부를 하게 되었다'는 이야기를 들을 때마다 감사하게 됩니다. 이번에도 90명 이상이 수강 신청을 했습니다. 이분들을 '삶 시리즈'의 자리에 앉히기 위해 얼마나 많은 수고를 했을 텐데 '잘 가르쳐서 살아 계신 하나님을 온전히 믿을 수 있도록 섬겨야지'라고 다짐해 봅니다.

요즈음 많은 교회가 마이너스 성장을 하며 젊은이들이 급격히 줄

어들어 위기의식을 느낀다고 합니다. 하지만 우리 교회가 계속해서 성장하고 부흥하는 중심에는 여러분의 목장이 있습니다. 목장에는 영혼을 위한 기도가 있고, 오직 사랑에 매여서 수고하는 섬김이 있기에 오늘의 열매들이 맺히고 있습니다. 2학기를 시작하면서 '삶 시리즈'에서 들어온 목원들이 낙오하지 않도록 관심을 가져주십시오. 실제로 공부를 위해서 어린아이를 목자의 가정에서 맡아 주셨다고 고마워하는 분도 있습니다. 혹시나 결석할까 염려하는 마음으로 어린(?) 목원과 함께 강의실까지 와서 명찰을 달아주고 커피를 뽑아주는 여러분은 확실히 동역자입니다.

믿음의 성숙이란 일방적인 가르침으로 주어지는 것이 아니라 섬기는 마음에서 오는 거룩한 열매입니다. 영혼을 향한 사랑은 끝까지 책임져야 할 일이며 그분들이 또 다른 누군가를 책임지는 그 순간까지는 끝이 없는 사랑을 부어야 합니다. '삶 시리즈'를 통해 구원의 확신을 가지고, 거듭난 사람만이 누리는 큰 기쁨이 목원들의 마음에 충만하도록 기도해 주시고 지속적인 관심을 가져주시기 바랍니다.

'삶 시리즈'라고 부르는 이유

세상을 사는 날 동안 혼자서는 절대로 할 수 없는 것이 두 가지가 있습니다. 첫째는 결혼식입니다. 아무리 많이 배웠어도 아무리 많이 가졌어도 결혼식은 혼자서 할 수는 없습니다. 반드시 사랑하는 배우자의 옆에 서서 사랑의 고백과 확인이 있어야 하고 하객들 앞에서 행복하게 살겠다고 서약하는 것이 결혼식입니다.

둘째는 믿음생활입니다. 간혹 자기를 건드리지 말아달라면서 자신은 얼마든지 믿음생활을 혼자서 잘할 수 있다고 말하는 사람들이 있습니다. 실제로 믿음에 대해서 많이 알고, 믿음으로 사는 삶이 어떠해야 한다는 것도 나름대로는 정리가 되어 있습니다. 그런데도 혼자서 믿음생활을 한다는 것은 자기모순이고 거짓입니다. 혼자서 믿음생활을 할 수 있다면 예수님이 우리 가운데에 오셔서 섞여 살지도 않았을 뿐더러 고난을 겪지도 않았을 것입니다.

믿음으로 사는 삶과 그 믿음을 전달하는 것은 이론으로 가르쳐서 되는 것이 아니라 삶으로 증명해 내야 할 전부입니다. 믿음은 지식 그 이상의 삶이며, 믿음은 자기를 낮추어서 섬기는 자기부인입니다. 나는 아니요 그분이심을 고백하는 진실함을 삶으로 나타내려면 그와 더불어서 이루어지는 관계에서 열매를 맺어야 합니다. 그래서 우리는 성경공부라고 하지 않고 '삶 공부'라고 합니다. 성경의 내용이 삶으로 이어지지 않고 하나의 지식을 쌓는 것이라면 그 지식으로 다른 사람을 판단하는 잣대만 키워갈 것이기 때문입니다.

목자(녀)가 '삶 공부'를 통해서 은혜를 입었으면 목원에게 권할 것이며, 그 목원이 '삶 공부'를 통해서 새로운 결단이 있었다면 영혼을 구원하고 또 다른 누군가를 섬기고 싶은 마음이 불일 듯 일어날 것입니다. 바야흐로 '삶 공부'의 계절입니다. 직접 하시겠습니까? 누군가를 할 수 있도록 섬기시겠습니까?

우리 교회의 진짜 자랑거리

가을이 시작되면서 '삶 공부'를 개강했습니다. 예년처럼 저는 '생명의 삶'을 주일반과 목요반으로 나누어서 강의하고 있는데 얼마나 신나고 기다려지는지 "우리 교회가 이래서 좋습니다!"라고 소리를 지르고 싶습니다.

주일반은 오후 6시에 시작해서 9시에 마치는 세 시간짜리 공부이니까 인간적으로 피곤해야 하는 게 정상이지만 피곤은커녕 설렘으로 벅찹니다. 그 이유는 이번 기수의 '생명의 삶' 수강자가 이전보다 훨씬 많기 때문입니다. 작년, 재작년에는 100여 명이 시작해서 70여 명이 수료를 했습니다. 그런데 이번 기수는 주일반 124명, 목요반 29명으로 모두 150명이 넘습니다. 참석 인원도 많고 구성원들도 너무 예쁩니다.

우리 교회에 등록한 지 몇 개월 안 된 분들이 대부분이라 더 예쁩니다. 물론 교회에 등록한 지 10년도 훨씬 넘은 묵은 분들도 예쁩니다. 어떻게 해서라도 공부하지 않으려고 숨어 살다가 '이제는 더 이상 버텨서는 안 되겠다' 싶었는지 살그머니 교실에 들어와 앉아 있는 모습도 예쁘고 고맙습니다. 더 기쁜 것은 구미남교회에 오면 필수적으로 '생명의 삶'을 시작으로 '삶 시리즈' 공부를 한다고 자연스럽게 배운 것을 생각하니 모든 교인에게 너무나 감사합니다

배우지 않으면 앞으로 나아갈 수 없고, 나누지 않으면 함께 할 수가 없다는 것을 우리는 알고 있기에 사랑으로 그들을 목장으로 인도했고, 받은바 은혜에 감격하여 묵묵히 섬겨드린 결과로 이제는 공부하는 자

리에까지 나온 것입니다. 한 분, 한 분의 마음속에 예수님을 주인으로 모시는 그날까지 최선을 다해 함께 챙겨 주십시오.

'삶 공부'에 임하는 이들을 바라보고 있으면 얼마나 힘이 나고 기쁜지 모릅니다. 영혼구원하여 예수님의 제자 삼는 이 일에 한 마음이 되어 주시는 여러분께 감사의 말씀을 드립니다.

'삶 시리즈'는 초신자를 위한 것이다(?)

어린아이들이 자신의 존재를 알기 시작할 즈음이면 자신의 모습이 보이는 거울을 빤히 쳐다봅니다. 청소년기에 이성에 눈을 뜨기 시작하면서부터는 시도 때도 없이 거울을 자주 봅니다. 그리고 긴긴 시간을 거울 앞에서 자신의 모습을 꾸밉니다. 어른이 되어서도 거울을 자주 보는 사람들이 있습니다. 특히 사람들 앞에 자주 서는 사람들이 혹시 실수하거나 추하게 보이지 않으려고 자기 모습을 점검합니다.

그런데 경쟁 사회에서 밀려 실패한 사람은 더 이상 거울 앞에 서지 않습니다. 패배감에 젖어 거울에 보이는 자신의 모습이 부끄럽고 초라하기 때문입니다.

우리의 모습을 보는 것이 어찌 거울뿐이겠습니까? 독서를 통해서 그리고 사람들과의 진실한 교제를 통해 자신의 모습을 비춰보고 성숙한 삶으로 자라갑니다. 그러나 더 이상 자라지 않는 사람, 더 이상 성숙을 포기한 사람들은 배우지 않거나, 사람들과 만나 교제하는 것을 기피합니다.

믿음의 삶도 같은 원리입니다. 믿음으로 모이는 목장에 나오지 않는 것은 둘 중 하나일 것입니다. 자기는 배울 것이 없다고 착각하는 교만한 마음이거나 사람들 앞에서 자신의 삶을 공개하기에는 부끄러운 열등감이 많기 때문입니다. 우리 교회는 목장 모임을 통해서 삶을 나누는 동시에 '삶 시리즈' 공부를 통해서 하나님과 성도들 앞에서 어떻게 살아가야 할지 배우고 있습니다. 그런데 참으로 말이 안 되는 논리를 가지고 있는 사람들이 가끔씩 우리 중에 있습니다. 자신은 젊은 시절에 이미 성경공부를 다 했기 때문에 더 이상 배울 것이 없다거나, 〈생명의 삶〉, 〈새로운 삶〉, 〈경건의 삶〉을 공부했기 때문에 그 정도면 자신의 모습은 충분이 갖추어졌다고 생각하는 사람들이 있습니다. 정말 그럴까요?

미인일수록 거울을 자주 보고, 지식인일수록 책을 많이 읽는 것처럼 신앙의 능력은 말씀 앞에 얼마나 자주, 얼마나 더 진지하게 공부하느냐에 달려 있습니다. '삶 시리즈'에 여러분 한 사람, 한 사람을 정중히 초대합니다. 목원의 아이를 돌봐주어야 할 거룩한 섬김 외에는 모두가 함께 공부하십시다. 더 늦기 전에.

성경공부를 함께 해야 하는 이유

우리 교회의 세 가지 핵심가치 중 첫 번째는 주일에 온 성도가 구약시대의 성도들이 안식일을 지키듯이 한 자리에 모여서 연합 예배를 드리는 것입니다. 예배는 우리가 믿음의 공동체 안에 있음을 확인하고 헌신을 결단하는 절대적인 시간입니다. 예배를 소홀히 하는 것은 교인이기를 포기하는 것과 같기 때문에 반드시 교회에 등록해서 같은 마음으로 예배를 드려야 합니다.

두 번째는 목장을 통해 각 목원의 아픔과 기쁨을 함께 나누는 소그룹 활동입니다. 목장에서 하나님께서 형제자매를 통해 말씀하시는 세미한 음성을 듣고, 그 시간을 통해서 우리 가운데 역사하시는 하나님을 체험하게 됩니다. 목장에 속하지 않거나 소홀히 여기는 순간 우리의 삶은 세상의 바다로 떠내려갈 것입니다.

세 번째는 '삶 공부'를 하는 것입니다. 이 시간은 하나님께서 우리 개인과 교회에 주시는 말씀을 받고 말씀을 삶에 적용하며 한 단계씩 성숙해가는 훈련입니다. 예배와 소그룹은 교회의 공동체를 위해 참여하고 헌신하는 시간이기 때문에 이해가 되지만 혹시나 성경공부는 개인의 취향이니까 강요하지 않았으면 좋겠다고 생각한다면 진지하게 다시 고려해 보아야 합니다. 우리 교회의 '삶 공부'는 단순히 지적인 호기심을 채워주거나 성경 교리를 암송하는 지식습득의 교육이 아닙니다. 해도 되고 안 해도 되는 선택사항이 아니라는 것을 말씀드립니다.

교회공동체가 한마음 한뜻으로 하나님의 일을 하기 위해서는 함께 성경공부를 해야 합니다. 옛날에 물을 나르는 물통을 만들려면 먼저 바닥을 동그란 모양으로 만들고 그 위에 널빤지를 매끈하게 깎고 깎아 그 위에 여러 조각을 세워서 바깥 테두리를 단단하게 쪼여서 만들었습니다.

여러 개의 널빤지 중에서 하나라도 금이 가거나 깨진 것이 있으면 다른 널빤지의 높이와 관계없이 물통의 물은 그 높이에서 빠집니다.

물통의 높이가 같아야 하는 이유를 '최소치의 전략'이라고 합니다. 가장 낮은 널빤지의 높이를 얼마나 높이느냐에 따라서 물을 담을 수 있는 높이가 높아지는 것처럼 우리 중에서 한마음이 되지 못하는 목원이 있을 때 사랑으로 위로하고 격려하면서 필요하다면 짐을 나누어 져서라도 성경공부를 하게 해야만 우리의 공동체가 성숙해질 수 있습니다. '나는 했으니까 됐어'라고 생각하지 말고 모두가 한마음이 될 수 있도록 협력하고 한 걸음씩 앞장서서 본을 보여 주는 믿음의 모델들이 이번 가을에도 많아지기를 축복합니다.

설렘으로 시작하는 '삶 공부'

지난 주일부터 2학기 '삶 공부'가 시작되었습니다. '삶 시리즈'라고 하는 이유는 성경을 단순히 지식을 얻기 위해 공부하는 것이 아니라 자신의 '삶'이 변하고 인격이 성숙해지기 위함입니다. 기초 과정인 〈생명의 삶〉 이후에는 소그룹으로 조를 짜서 한 주간의 삶을 솔직하게 나눈 후에 서로를 위로하고 격려하면서 약하고 부족한 부분을 위해 함께 기도하는 중에 우리 가운데에 역사하시는 하나님을 체험하게 됩니다.

비록 13주의 짧은 기간이지만 이 공부를 성실하게 감당하는 분들에게는 하나님이 만져 주시고 인도하시는 은혜를 풍성하게 받고 간증할 수 있을 것입니다. 저는 〈생명의 삶〉 공부를 인도합니다. 이번 주일반이 벌써 43기이니 엄청나게 많은 성도가 〈생명의 삶〉을 공부했고 이 시간을 통해 예수님을 인격적으로 영접하고 믿음의 길로 온전히 들어오는 인생의 전환점이 되었습니다. 이번에도 첫 시간이기에 자신들의 종교적 배경에 대해 간단하게 소개하는 시간을 가졌습니다.

의외로 많은 분들이 지난번 VIP 초청주일에 교회에 나오셨습니다. 처음 나오신 분들이 대다수인데 어떤 분은 말하기를 “아무것도 모르지만 교회에 와서 말씀을 들으니 눈물이 많이 난다”고 했고, 어떤 분은 “목장이 너무나 좋다”고 했습니다.

기독교에 대해서 잘 모르지만 열심히 공부해서 하나님을 제대로 한번 믿어 보겠노라고 결심도 했습니다. 생전 처음 교회에 왔다는 분들의 소개를 들을 때마다 제 심장박동수가 갑자기 빨라지고 눈이 번쩍 뜨입니다.

이들이 이곳에 오기까지 사랑하는 성도들이 애써서 목장으로 인도했을 것이고, 마침내 교회 예배에 참석하다가 이제는 하나님 말씀을 공부하는 자리까지 나왔습니다. 이들을 통해서 어떤 놀라운 간증이 생겨날지 설렙니다. 공부를 시작하면서 어떤 분은 자랑스럽게 말합니다. 그리고 고맙다는 인사를 아끼지 않습니다.

“우리 목자 목녀님은 너무 너무 좋은 분이십니다.”

“우리 목녀님은 제가 삶 공부를 할 수 있도록 우리 아이들을 맡아 주신답니다.”

하나님 나라는 우리 모두가 협력할 때 우리 가운데에 은혜와 능력을 더하여 주십니다. 그러기에 이번 '삶 공부'를 통해서 놀라운 일들이 일어날 것입니다.

VI 영혼구원을 위한 VIP 전도

전도하는 방법 / 예수 영접 모임에 보내어 주십시오 / 사랑이 방법입니다 / 목장은 침(세)례에 달려있습니다 / 목장의 마지막 순서는 이렇게 하십시오

Ⅵ 영혼구원을 위한 VIP 전도

전도하는 방법

요즘은 매주 화요일마다 기차를 타고 부산을 다녀옵니다. 역에 도착해서 계단을 내려가다 보면 천리교를 전파하는 사람이 딱딱한 나무 두 개를 마주 치면서 "천리교를 믿읍시다!"라고 외칩니다. 그 옆에서는 승복을 입은 스님과 여신도가 불(佛)자가 길게 꼬리를 치는 붓글씨를 공짜로 나누어 줍니다. 그걸 붙여 놓으면 모든 액운이 달아난다나 어쩐대나 하면서…. 이 둘 사이에 어깨띠를 두른 점퍼 차림의 한 남성이 조용히 서 있다가 사람이 지나가면 "주 예수를 믿으라! 그리하면 니(네) 집이 구원을 받으리라… 예수 천당!"이라고 외칩니다. 목사인 제 눈에도 조금 지나치다 싶습니다.

그 간절함과 노력은 대단하지만 저렇게 꾀죄죄한 모습으로 소리 질러 대면 우리의 믿음이 광신적으로 보이지 않을까 염려가 되기도 합니다. 교회와 성도는 분명코 영혼을 구원해야 하지만 시대와 환경에 따라 복음 전파의 방법도 지혜롭게 달라져야 할 것입니다. 왜냐하면 우리가 전도하고 싶어도 사람마다 성품과 능력이 다르고 시대의 옷이 다르기 때문입니다.

그래서 우리 교회가 추구하는 전도의 철학은 모두가 자연스럽게 참여하고, 방법에 있어서는 분업해서 함께 기쁨을 맛보는 것입니다. 현대인들은 구원에 대한 지식 이전에 기독교에 대한 부정적인 생각을 많이 가지고 있습니다. 먼저 그 생각을 바꾸기 위해서 사랑으로 감싸면서 그리스도인들이 결코 광신자가 아니라는 것과 건강한 가정과 사랑할 만한 이웃임을 보여 주어야 합니다.

이 일을 위해서 1차적으로 이웃을 목장으로 데려오는 일은 사랑을 받은 목원이라면 누구나 감당해야 하는 사명입니다. 그리고 목장으로 데려온 그 사람이 껌뻑 넘어갈 정도로 사랑으로 섬겨서, 목장이 정말 재미있고 기다려질 때 그를 교회로 인도하여 '생명의 삶'에 등록시키는 일이 목자(녀)의 몫입니다.

그 다음에 그가 하나님이 누구시며 자신은 누구인가를 발견하게 하는 일은 당연히 목사인 제가 담당할 것입니다. 이끌고, 사랑하고, 가르치는 분업이 이루어져서 한 영혼이 거듭날 때마다 우리는 동업자로서 기쁨을 함께 나누고 천국의 상급도 똑같이 나눌 것입니다. 알고 보면 정말 재미있는 이 일에 인생을 한번 투자해 보시지 않으시겠습니까?

‘예수 영접 모임’에 보내주십시오

우리 교회 정회원이 되려면 반드시 ‘예수 영접 모임’을 거쳐야만 합니다. 정회원은 우리 교회가 중요한 결정을 할 때 의견을 제안할 수 있고 결의할 때 투표권을 행사할 수 있는 교인을 말합니다. 물론 교회에 등록하고 침(세)례를 받기만 하면 자동적으로 주어지는 것이지만 이제부터는 침(세)례를 받기 전에 개인적으로 신앙을 고백할 수 있도록 하나님은 어떤 분이신지, 은혜는 누구에게 주어지는지, 그 은혜를 위한 하나님의 사랑에 대해서 예수님이 우리를 위해 무엇을 하셨는지에 대해 자세히 듣고 예수님을 영접하고 구원의 확신을 가지게 할 것입니다.

이렇게 설명하고 점검하는 이유는 이렇습니다. 우선 담임목사가 직접 성도들에게 침(세)례를 받는 것이 얼마나 복된 일인가를 알려주고 싶기 때문입니다. 나아가 구원에 대해서 신학적으로 자세히 설명해서 침(세)례를 받는 것이 성경의 지식이나 단순히 교회의 전통이 아니라 의지적으로 하나님 앞에서 선택하는 것이 옳다고 생각하기 때문입니다.

이제부터는 누구든지 침(세)례 받기를 원하는 분은 사무실에 신청하면 됩니다. 특별한 일이 없는 한 매월 둘째 주일 오후 3시 30분에 만나서 확인한 후에 본인이 예수님을 영접하겠다고 고백하는 사람에게 매월 셋째 주일 예배시간에 침(세)례를 베풀 것입니다.

이 일이 활성화되어서 주님을 영접하고 하나님의 백성이 많아질 수 있도록 목장에서 관심을 가지고 목원들을 챙겨서 보내주십시오. 〈생명의 삶〉을 수료한 분들은 의무적으로 '예수 영접 모임'을 통해 침(세)례를 받으시는 것이 좋습니다. 부득이한 이유로 '생명의 삶'을 수료하지 못했더라도 보내주십시오. 예수님을 영접할 수 있도록 도와 드리겠습니다. 설명도 없이 본인의 의지적인 결단도 없이 얼떨결에 침(세)례를 받는 종교적인 요식행위가 아니라 믿음으로 예수님을 영접해서 하나님의 자녀가 되는 기쁨을 충분히 누릴 수 있도록 우리가 함께 도웁시다.

사랑이 방법입니다

다른 교회에서 우리 교회의 가정교회를 배우고 싶어 합니다. 그래서 이런저런 질문을 많이 받습니다. 사실 교회가 부흥하고 선교지를 돕는 일에 한마음이 되기를 누구나 원하지만 생각만큼 잘되지 않습니다. 그래서 많은 사람이 묻습니다.

"어떻게 해야 목장에 재미가 있습니까?"

"목장은 정착이 되었는데 어떻게 해야 영혼구원이 됩니까?"

그럴 때마다 저의 대답은 이렇습니다.

"우리도 최선을 다해서 노력하고 있습니다만 방법에 있는 것이 아니라 마음에 있습니다."

왜냐하면 어떤 한 가지 방법으로 되는 일이라면 웬만히 똑똑한 사람이라면 모두 잘하겠지만 교제와 영혼구원은 방법에 있다기보다는 마음에 있습니다.

며칠 전에 읽었던 『부침개 전도이야기』라는 책에 보니 그 교회(순복음노원교회)가 수만 명이 모여 예배하기까지는 전도에 뜨거운 열정을 가진 사람들이 많았기 때문이라고 합니다. 아파트 단지 안에서 아예 천막을 치고 부침개를 구워서 지나가는 사람들과 집에까지 부침개와 음료수를 배달하면서 꾸준히 전도하다 보니 교회에 전도의 불이 붙더라고 했습니다.

그 교회의 전도왕이 된 한 집사님은 전도하는 중에 만난 어떤 사람이 자신의 목걸이가 예쁘다고 이야기했다고 했습니다.

"교회에 나오신다면 드리겠습니다."

그리고 목걸이를 주었는데 그 사람이 주일에 교회에 오지 않았습니다. 찾아가서 왜 안 왔느냐고 물었더니 진짜 진주 목걸이가 아닌 모조라서 실망해서 가지 않았다고 했습니다(왕뻔뻔이지요?). 이 말을 들은 집사님은 딸이 선물로 사준 진짜 진주 목걸이를 바로 갖다 주면서 전도를 했다고 합니다. 물론 이분은 부자이거나 살림이 넉넉하지 않습니다. 남편과 사별한 후 자녀를 키우기 위해 빌딩 청소를 하면서 생계를 유지하는 분으로 그 교회에서 전도를 가장 많이 했다고 합니다. 전도왕이 된 비결에 대해서 "모든 것은 사랑이며 방법 또한 사랑이었습니다"라고 고백했다고 합니다.

사랑의 마음이 상대를 녹입니다. 사랑의 섬김은 VIP를 예수님께로 인도하는 유일한 길입니다. 사랑은 내 안에서 다시 타올라야 할 불입니다.

목장은 침(세)례에 달려 있습니다

우리 집 마당의 수돗가에 몇 뼘 되는 자투리땅이 있습니다. 거기에 작은 무화과나무 한 그루를 심었습니다. 유난히 무화과 열매를 좋아하는 아내를 생각해서 몇 년 전에 제대로 자랄 수 있는 환경이 아님에도 불구하고 혹시나 하는 마음으로 푸욱 꽂아 두었습니다. 땅의 토질이 모래와 자갈이 섞여 있는 박토로 과일나무가 자랄 만한 곳은 아니지만 그래도 살아 주기를 바라는 마음으로 가끔씩 생각나면 물도 주고 거름도 주었습니다.

무화과나무는 바라는 대로 뿌리를 내렸고 푸른 잎을 돋우면서 가지가 뻗었습니다. 마침내 지난 해부터는 열매를 맺었습니다. 그리고 어설프던 무화과나무가 올해에는 스무 개 이상의 열매 맛을 볼 수 있게 해주었습니다. 아내는 무화과나무를 볼 때마다 신기해하고 재미있어 합니다. 만약에 몇 년 동안 열매 없이 잎만 무성했다면 정리했겠지만 열매가 달린 무화과나무는 사랑스러웠습니다. 아름다운 꽃도 향기도 없으며 볼품마저 없는 무화과나무가 사랑받는 이유는 열매 때문입니다.

과일 나무의 유일한 기쁨이 열매이듯이 하나님 앞에서 우리 삶의 근거는 지옥을 향해 달려가는 영혼을 구원하는 데 있습니다. 이 땅에 사는 날 동안 그 사명을 감당해야 합니다. 그것이 우리의 존재 목적이고 교회의 존재 목적입니다

그 사명을 효율적으로 감당하도록 우리에게 목장을 주셨습니다. 목

장이 보람되고 기쁨이 되느냐 그렇지 않느냐는 것은 영혼구원이 되느냐 되지 않느냐에 달려 있습니다. 목장은 먹고 마시면서 즐거워하는 친목단체가 아니라, 함께 하나님 나라를 이루어가면서 영혼구원하는 일에 몰두해야 합니다.

목장을 섬기는 것이 행복하고 목장을 통해서 하나님의 복을 받으려면 우리의 목장을 통해 침(세)례를 받는 사람이 있느냐 없느냐로 판가름이 납니다. 과일 나무가 열매라면 목장은 침(세)례입니다. 예수님을 믿게 하고 침(세)례를 받게 하는 일은 우리의 근본 사명이며 천국에서 받을 상급의 근거가 됩니다.

목장의 마지막 순서는 이렇게 하십시오

목장은 하나님의 방법입니다. 초대교회의 성도들은 대부분이 하층민이었고, 로마의 강력한 독재 아래에 있었기 때문에 신앙의 자유가 없었습니다. 그럼에도 불구하고 그들은 이 세상은 잠깐이며 영원한 세상이 있음을 알고 있었습니다. 그래서 서로를 위로하고 격려하면서 다가올 천국을 믿음으로 체험하는 교회에 속한 것을 기뻐했습니다.

그 사랑 안에서 자신을 발견했고, 그 사랑으로 연약한 성도를 위로했으며, 그 사랑 때문에 자연스럽게 가족이 되어서 더 많은 사람을 구원해 내는 하나님의 집이 되었습니다. 그 모임이 우리의 목장입니다. 그들은 모일 때마다 함께 음식을 먹었고, 하나님의 이름을 높이는 찬양을 불렀으며, 신앙의 박해와 경제적인 어려움을 겪는 형제의 이야기로 시간이 가는 줄 모르고 들어 주었고, 격려하고 칭찬하는 말로 서로를 세워 주었습니다.

여기까지는 우리도 잘하고 있는 것 같습니다. 목자의 가정들이 헌신적으로 섬겨주고 있기에 하나님께서 목자 가정에 특별한 은혜를 덧입혀 주시기를 축복하며 기도합니다. 이미 잘하고 있지만 목장의 본래 정신을 따라서 조금 부족한 것에 대해서 부탁하고자 합니다.

초대교회의 목장은 흩어지기 전에 순전한 마음으로 기도했습니다. '순전하다'는 말은 간절하다는 뜻으로, 그들은 모임을 마칠 즈음에 이 모임에 와야 할 대상을 놓고 애타게 기도한 후에 헤어졌습니다.

우리도 이렇게 합시다. 목장이 끝날 즈음에는 반드시 VIP에 대해 소개한 후에 그를 위해서 어떤 노력을 하고 있는지를 나누고 그 이름을 소리 내어 불러가면서 기도합시다. 기도의 응답은 하나님을 보여줄 수 있는 가장 분명한 길이며, 목장과 교회가 존재하는 이유입니다.

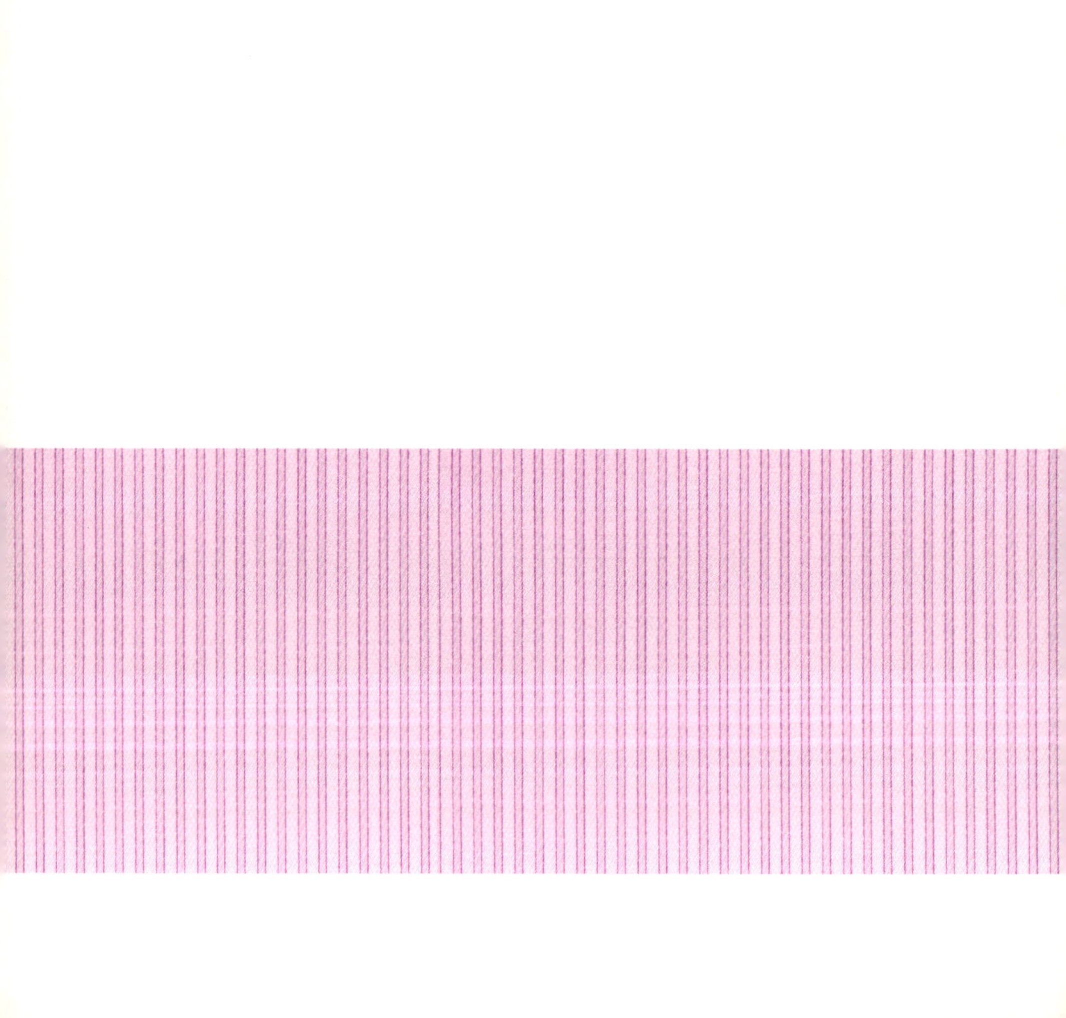

Ⅶ 목회 이야기

교인 간의 돈거래에 대하여 / 교인 간의 상거래에 대하여서 / 골든 골 / 목사는 무엇을 자랑하는가? / 그늘이 좋은 나무 / 잘 웃는 사람이 좋더라 / 교회 주보에 대하여 / 목사의 아내 / 장로님이 많이 뽑혔으면 좋겠습니다 / 사소한 것에서 실망시키지 말아야 / 울 아부지 / 울 엄마의 따뜻한 손 / 애매한 소문이 들려올 때 / 이웃 교회 교인은 데려오지 맙시다 / 까다로운 사람은 어떻게 대해야 하는가? / 희한한 교회 / 차라리 눈물 한 방울 / 물김치 한 종지 / 어떤 얼굴이시죠? / 이런 때에는 정말 울고 싶더이다 / 성경적인 교회개척을 위하여 / 하루 사이에

VII
목회 이야기

교인 간의 돈거래에 대하여

제 아버지는 시골에서는 그런대로 여유 있게 사셨는데 그 많은 재산을 다 날리고 빈손으로 예수님을 영접하셨습니다. 그래서 그런지 돈에 대해서 엄격하다 못해 지나칠 정도로 돈을 주제로 한 설교(?)를 많이 하셨습니다.

아버지는 중학교에 입학했을 때에 일주일 버스비를 주면서 하루치는 용돈으로 주셨고, 고등학교 때에는 일 개월 생활비를 주면서 일주일 치를 용돈으로 얹어 주셨습니다. 그러다 보니 큰돈(?)을 어떻게 나누어 써야 할지 일찍부터 훈련받았습니다. 중학교 때에는 아이스크림이나 자장면에 대한 유혹을 떨칠 수가 없어서 용돈으로 먹고 싶은 것들을 사먹고 대신 이십 리 길을 걸어 다닐 때가 태반이었고, 고등학교 때는 보고 싶은 책을 사거나, 공휴일에 놀러갈 돈을 모으기 위해 밥을 굶을 때도 많았습니다.

확실히 돈에 대해서는 바른 가이드라인이 있어야 합니다. 성경에 보면 이자받을 목적으로 돈을 꾸어 주거나 이익을 볼 셈으로 먹거리를 꾸어 주어서는 안 된다고 했습니다(레 25:37, 신 23:20). 목회를 하면서 그 이유를 알아가고 있습니다. 돈은 교인 간의 관계를 깨뜨리기가 쉽습니다. 돈을 빌렸다가 갚지 못하면 어색한 사이가 되고, 조금 더 힘들어지면 다른 교회로 옮겨가기 때문입니다.

그래서 물질적인 필요가 있을 때에는 신중해야 합니다. 교인 간의 돈 거래에 대한 제 생각을 정리하면 이렇습니다.

적어도 우리 교회에서는 등록한 지 2년이 되지 않은 분들과는 돈 거래를 하지 않으면 합니다. 그보다 더 오래된 사이도 빌려줄 때는 못 받아도 상처가 안 될 범위 내에서만 거래를 하는 게 좋겠습니다.

혹시나 이미 도움을 받아서 빌려 쓰는 입장에 있다면 근검절약하는 모습을 보이기를 바랍니다. 돈을 갚을 때까지는 새 자동차를 바꾼다든지 새 옷을 사 입는 것은 빌려준 사람에 대한 예의가 아닐 것입니다. 저는 지금까지 교인들에게 돈을 빌려본 적이 없으며 빌려줄 만한 돈이 없이도 잘 살아 왔기에 드리는 말씀입니다.

의지하고 싶은 마음에 돈을 빌리고 사랑하는 마음으로 꾸어준 돈이 관계를 깨는 일이 없어야 하겠습니다

교인 간의 상거래에 대해서

교회는 사람이 모인 곳이기 때문에 서로에게 도움을 주는 아름다운 일이 있습니다. 그중에 하나는 자신이 누구인지를 밝히지 않은 채 어느 분에게 전해 달라는 구제 헌금이 있습니다. 도울 수 있을 때 어려운 형제에게 힘이 되는 것은 정녕 아름다운 일입니다. 그런데 도움을 받으려는 사람이 상식을 넘어서는 열심으로 다수의 교인에게 부담을 주기도 합니다.

예를 들면 교인 수가 증가하는 교회마다 생겨나는 자동차 보험에 관한 일입니다. 교인이기에 자연스럽게 보험을 들었는데 뒤늦게 같은 일을 시작한 분이 이미 진행되고 있는 관계에 끼어드는 경우입니다. 시작하면서 한 사람의 고객이라도 더 모집을 하겠다는 일념으로 올해부터는 자신에게 기회를 달라고 간곡히 부탁하거나, 자동차가 두 대이니까 절반씩 나누어서 보험을 드는 것이 합리적(?)이라는 요청을 할 때는 이러지도 저러지도 못해서 아예 교회 밖의 제삼자에게 보험을 들었다는 이야기는 입맛을 씁쓰름하게 합니다.

이보다 더 심각한 문제는 다단계에 속한 분들이 자꾸만 상품을 강요할 때입니다. 꼭 필요한 소모품을 자신의 이름으로 팔아주면 서로에게 좋은 것이니 그렇게 해달라는 압박 때문에 아예 그 사람까지 피하게 된다고 합니다. 그래서 우리 교회는 모든 형태의 다단계를 금합니다. 우리 회사는 그렇지 않다고 변명을 할 사람도 있겠지만 설명 자체를 듣지 않겠습니다. 오히려 다단계에 속한 사람이 없기를 기도하고 교인들이 이런 관계 때문에 가슴앓이하는 일이 없기를 간절히 바랍니다.

물론 다단계 상품의 질이 떨어지거나 비정상적인 제품이라는 뜻은 아닙니다. 금하는 이유는 그들은 인정과 의리라는 끈으로 사람을 옭아매어 선택의 권리를 은근히 박탈하는 상술을 펴기 때문입니다. 시골교회에서 농산물을 위탁하거나 우리 교인의 고향집에서 생산되는 것 마저도 교회에서 판매를 금하는 것도 같은 원리입니다.

물건을 사고 팔 때 소비자의 권리를 우선적으로 지켜주고 보호하는 것이 자유경제의 질서이고 교회에서도 유효합니다. 어떤 형태로든지 교회 안에서는 부담을 주거나 강요해서는 안 됩니다.

골든골

다음 주일은 우리 교회가 매년 한 번 하는 전도주일입니다. 사실 전도주일을 정한다는 것 자체가 어쩌면 비성경적일 수도 있겠다는 생각이 듭니다. 마치 물에 빠진 사람을 구해 내는 인명구조대가 너무 피곤하고 바빠서 이런저런 이유로 다른 일을 하고 있다가 본질적인 일인 사람 구하는 활동을 어느 한 날을 정해 놓고 한다면 그는 사명이 없는 사람이라고 지탄 받아야 마땅합니다. 구조대원은 언제든지 구조할 준비가 되어 있어야 하고, 상황이 발생하면 출동해서 최선을 다해야 합니다.

전도주일이 다가오면 우리 모두는 예외 없이 거룩한 부담감을 가지게 되고 이미 성령님께서 정해 주신 전도대상자에게 끝까지 말해야 될까 말아야 할까를 고민하다가 더러는 놓치는 경우들도 있습니다. 얼마 전에 성경공부를 하면서 들은 어느 집사님의 이야기를 나누고 싶습니다. 그 집사님은 전도해야 한다는 부담으로 누구를 전도할까를 고민하던 중에 같은 아파트에 살고 있는 한 분을 생각하다 포기했답니다. 왜냐하면 그의 사업이 너무 번창해서 바쁜 까닭에 우리 교회에 오라고 하면 웃을 것 같아서 차마 말을 건네지 못했다고 합니다.

그리고 세월이 지난 후에는 그분의 일이 실패해서 고통스러워하는 모습을 보고 전혀 도움이 되지 못하면서도 교회 나오라고 하기가 미안해서 또 말을 하지 못했답니다. 그리고는 한참 시간이 더 흐른 후에 그분이 어느 교회에 나간다는 이야기를 들었는데 알고 보니 그분은 아주 열심히 주변의 많은 사람들, 심지어는 그 집사님이 전도해야겠다고 작정한 사람들까지 싹쓸이(?)해 간 모습을 보면서 뒤늦은 후회를 했다고 했습니다.

그때 그 사람만 전도했어도 얼마나 많은 사람을 인도해 올 수 있는 좋은 기회였는데 말입니다. 혹시 성령님께서 허락하신 그 사람에게 아직도 말을 건네지 못하시는 분은 없으신가요?

"한번 와 보십시오."

"내가 다니는 교회, 너무 좋습니다."

이렇게 당당하게 말해야 합니다. 왜냐하면 전도는 믿음의 골든골과 같기 때문입니다.

목사는 무엇을 자랑하는가?

우리가 하는 대부분의 일은 여러 번 반복해서 하는 일로 경험이 쌓이고 자신감도 붙지만 목사의 일은 하면 할수록 어렵고 조심스럽습니다. 생각해 보니 일 년 전쯤에 이런 충고를 받았습니다.

"목사님은 일류대학교 출신이나 교수님과 선생님을 편애하는 것 같습니다."

그때 순간적으로 당황하면서 나는 그런 사람이 아니라고 애써 변명했지만 곰곰이 생각해 보니 어느 정도는 그게 사실이었습니다.

그렇다고 해서 제가 그분의 말씀처럼 신분 상승을 위한 것이나 다른 사람을 기죽이기 위한 의도는 아니었습니다. 실제로 우리 교회에는 교수, 교사들의 출석이 눈에 띄게 많긴 하지만 알고 보면 그렇게 부자도 아니고 같이 어울려 다닐 만큼 시간적인 여유도 없는 샌님들입니다. 그럼에도 불구하고 제가 왜 좋은 학교 출신이나 선생님 성도들을 좋아하는 것처럼 보였을까요? 그것은 나도 눈치 챌 수 없었던 청소년 시절에 있었던 열등감에 대한 보상심리 때문이었던 것 같습니다.

듣기에 따라서는 변명 같겠지만 저는 좋은 학교를 다니지 못했고 성적도 시원찮았기에 학창시절에 대한 아쉬움이 있습니다. 그때 지게 지고 들로 산으로 다니며 일만 하지 않았다면 나도 얼마든지 선생님께 사랑받는 모범생이 될 수 있었을 텐데 하는 마음이 지금도 선생님들을 대할 때면 칭찬을 듣고 싶은 마음으로 나타났던 것 같습니다. 아무튼 제가 몰랐던 사실을 알게 해주신 그분께는 고마운 마음을 전하고 이제는 잠재의식 속에라도 있을 수 있는 편견들을 버리고 모든 분들을 존경하고 축복하기로 마음을 먹었습니다.

동시에 우리 중에 공부 잘하거나 사회적인 영향력이 있는 사람이 등록할 때는 진심으로 환영하고 마치 내 형제처럼 자랑스러워하며, 그분들이 진실한 그리스도인으로 살아갈 수 있도록 축복하기를 바랍니다. 이러나저러나 목사의 자랑거리는 언제나 교인일 수밖에 없습니다. 떳떳하고 신실한 교인들이 자꾸만 늘어나서 목사의 자랑거리가 점점 더 많아지는 행복한 성도들이 다 되었으면 좋겠습니다.

그늘이 좋은 나무

시골에서 목회하던 어느 해, 저는 마당에 잔디 씨를 뿌리고 나무를 심었습니다. 그 일은 촌사람이었던 제가 잘 할 수 있는 일이었고 사실 그것 외에는 별로 할 일이 없었습니다. 당시 그 교회는 마당이 꽤나 넓었기에 잔디를 잔뜩 심어서 앞마당을 넓은 잔디구장으로 가꾸어 놓고 주일 오후에 젊은이들과 해가 저물도록 발야구를 하고 저녁이 되면 종종 삼겹살 파티도 열곤 했습니다.

그리고 교회 울타리를 따라서 여러 종류의 나무를 심었는데 제 손길을 거친 나무가 어림잡아 백 그루 이상은 되었습니다. 교회 뒷마당 중간 중간에는 시원한 그늘이 되어 성도들이 쉴 수 있도록 덩치가 제법 있는 느티나무를 옮겨 심었습니다. 나무를 심은 그해에는 유난히 가물었습니다. 저는 잎사귀가 마르지 않도록 뿌리에 물이 흠뻑 고일 정도로 자주자주 물을 주었고 나무의 둘레를 따라 흙을 깊이 파고 거름을 가득 넣기도 했습니다.

그렇게 애를 쓰고 정성을 다했지만 생각처럼 빨리 자라주지 않아서 얼마나 제 속이 탔는지 모릅니다. 아침마다 사택의 창문으로 보이는 나뭇가지는 언제나 그대로였고 혹시 나무들이 뿌리부터 마르는 건 아닌가 싶어 여러 차례 가지를 꺾어 보기도 했습니다. 그렇게 하기를 몇 년이 지난 어느 여름에 가슴이 철렁 내려앉는 풍경을 보고야 말았습니다. 띄엄띄엄 심어 두었던 그 나무 그늘 아래에 아이들은 아이들대로 어른들은 어른들대로 둘레둘레 앉아 한하게 웃으며 쉬고 있는 것입니다.

그날 저는 목회 역시 결코 서두르지 않고 나무를 키우는 것과 같다는 것을 깨달았습니다. 물론 빨리 잘 자라서 그 덩치에 기댈 수 있거나, 그 그늘에 자리를 펼 수 있을 만큼의 넉넉함이 되도록 축복하고, 제 자신이 그날이 오기까지 오래도록 기다릴 수 있는 마음을 달라고 기도했습니다. 새해를 시작하면서 우리 교회의 마당에도 이제는 제법 큰 나무들이 보여서 얼마나 감사한지요?

혹시나 우리 교회의 마당에서 나무를 찾으시는 분들이 있습니까? 여러분의 목장이 바로 그 마당이고, 여러분의 목자가 바로 그늘이 좋은 나무입니다.

잘 웃는 사람이 좋더라

1995년, 목사 안수를 받은 지 막 일 년이 지나던 때에 영광스럽게도 담임목사 청빙이 들어왔습니다. 그 교회는 100년의 역사를 자랑스럽게 생각하는 뼈대(?) 있는 교회였기에 '과연 어떻게 목회를 할 수 있을까?' 하는 두려움과 설렘으로 부임했습니다. 처음 내가 바로 해야 할 일은 교회 설립 100주년 책자를 만드는 것과 땅을 매입하여 예배당을 건축하는 일이었습니다. 나는 잠을 설쳐가면서 일을 했는데, 지금 생각해도 참 힘들었던 이야기 하나를 나누고 싶습니다.

역사를 자랑하는 교회의 특성들이 엇비슷하지만 특별히 그 교회는 한때 한국 교회사에 큰 영향을 끼쳤던 목사님이 목회를 하셨던 곳으로 교인들이 필요 이상의 자부심을 가지고 목사에게 요구하는 것이 많았습니다. 예를 들면 경건한 예배를 위해 함부로 복음성가를 부르지 말 것과 목사로서의 이런 이런 품위를 지켜야 할 것 등입니다. 물론 처음에는 어른들의 요구에 따라서 목사 티를 내려고 목소리에도 무게를 넣고, 걸음걸이도 조심했지만 얼마 지나지 않아서 그것은 나 자신이 아니고 예수님도 원하시는 것이 아니라는 것을 깨달았습니다. 후에는 내 모습 그대로 편하게 살려고 폼을 바꾸었습니다. 그러면서 마음에 다짐한 것은 '잘 웃는 사람이 좋은 사람'이라는 철학에 따라서 교인들의 얼굴을 바꾸려고 노력했습니다. 전혀 예상하지 않았던 것은 아니지만 심각하게 기도하고 고뇌하는 것이 경건의 상징인줄 알았던 분들이 환하게 웃는 모습으로 바뀌기까지는 꽤나 오랜 시간이 걸렸습니다. 웃지 않고서야, 행복이 얼굴에 묻어 나오지 않고서야, 어떻게 전도의 문이 열리겠습니까? 지금도 이 생각은 변함이 없기에 잘 웃는 사람을 만나면 마음이 넉넉해집니다.

그리스도인이 잘 웃어야 하는 이유는 세상의 힘이 아닌 하나님의 도우심이 있으며, 나의 섬김을 통해 변화되는 영혼이 있기 때문입니다. 이 비밀을 아는 사람은 세상의 잔잔한 것에 얽매이지 않고 언제나 환하게 웃으면서 사는 하늘에 속한 사람이 되어 갑니다. 굳이 세상의 이치로 말하라면 어느 날 내게 찾아온 그 사랑으로 길을 가다가도 씨익 웃고, 누가 시비를 걸어와도 그 사랑 때문에 오히려 웃어 주었던 한 번쯤은 있었을 사랑받을 때의 사람처럼 말입니다.

그래서 말입니다만 "구미남교회의 성도들은 목사를 닮아서인지 언제나 잘 웃더라." 이런 말을 종종 듣고 싶습니다.

교회 주보에 대하여

어떤 분이 우리 교회의 주보를 보면서 두어 가지 충고를 했습니다.

"표지가 현대인의 감각에 맞지 않게 촌스러우니 컬러풀하게 바꾸세요."

"주보에 너무 사세한 숫자들이 나오는데 이것은 은근히 교회의 힘을 과시하는 허세가 아닙니까?"

보는 관점에 따라서는 그럴 수 있겠지만 주보를 만드는 제 나름의 생각은 분명히 있습니다(물론 우리 교인들이 싫다고 하면 언제든지 바꿀 용의는 있지만 굳이 그렇게 하자는 분이 없음).

먼저 '주보에 컬러 사진이 없어서 촌스럽다'는 지적입니다. 굳이 컬러로 도배를 해야만 도시(?)스러운 건지는 모르겠지만 그렇게 하려면 제작비가 지금보다는 몇 배가 들 것이고 그렇게 만들었을 때 매주 똑같은 사진을 대하다 보면 자신도 모르게 주보에 대한 애착이 떨어지기 때문에 오히려 주보의 첫 페이지를 활용해서 목회철학을 그때그때마다 알려주어서 같은 마음을 가지는 것이 훨씬 낫다는 생각입니다.

'주보에 자세한 통계를 보여 주는 것은 허세가 아니냐?'는 지적은 오히려 그 반대의 뜻이 있습니다. 주보는 우리 교인들을 위한 것으로 당연히 알 권리를 충족시켜 줄 의무로서 주보가 사용되어야 하기 때문입니다. 예를 들어 자신이 지난주에 헌금을 드렸다면 당연히 영수증의 효과로 이름이 나와야 하고, 지난주에는 이런저런 일들로 우리 성도들이 결석을 했다면 한 식구로서 모두가 관심을 가져야 하기 때문입니다.

사실 저는 10명 미만의 성도가 전부인 교회에서 목회할 때에도 주보에 모든 것을 기록하여 보여 주었습니다. 심지어는 소그룹에 출석한 사람의 이름을 일일이 다 적어 넣기도 했습니다. 물론 지금은 숫자가 많아서 그렇게 할 수는 없지만 분명한 것은 우리 모임에 대하여 알릴 수 있는 것은 모두를 보여 주고 싶은 마음입니다.

실제로 군대에서 시간이 날 때마다 군인들에게 모두 하나의 공동체라는 것을 주입시키기 위해 숫자를 반복하여 세게 하는 것처럼, 주보를 통해 우리가 한마음을 갖자는 뜻에서입니다. 그나저나 주보를 자세히 읽어 보기나 하시나요?

목사의 아내

일반적으로 목사의 아내를 교회에서는 '사모님'이라고 부릅니다. 사전에서는 그 뜻을 풀이하기를 '자신을 가르쳐 주는 선생님의 부인을 지칭함'이라고 되어 있습니다. 그러다 보니 사모의 위치는 엄청난 힘을 행시할 수 있는 자리가 될 수도 있고 반대로 모든 궂은 일을 도맡아서 해야 하는 자리이기도 합니다. 사모의 위치가 정말로 이런 자리라면 본인은 말할 수 없이 힘이 들 것이고 이를 지켜보는 교인들의 마음도 편치 않을 것입니다.

제가 생각하는 목회자의 아내는 그런 대단한 자리가 아니라는 것을 말씀 드리고 싶습니다.

첫째, 한 남자의 아내로서 자기 자리를 잘 지키는 여자면 됩니다. 즉 어떤 경우에도 남편인 목사가 교회의 일을 감당할 때 불편함이 없도록 최선을 다해서 섬기는 것을 기쁨으로 여길 때, 본인도 행복하고 이를 지켜보는 교인들도 만족할 수 있기 때문입니다. 그래서 목사가 입는 옷이 추하거나 먹는 음식이 부실할 정도로 교인들의 눈에 벗어난다면 그것은 전적으로 사모의 직무유기에 해당될 것입니다.

둘째, 사모는 똑같은 한 사람의 교인으로서 평신도들에 비해서 조금만 더 봉사하는 정도여야 합니다. 즉 교인으로서 참여해야 하는 당연한 의무에 대해서 '나는 사모니까?'라는 식으로 궂은일에서 빠져서는 안 되며, 사모를 교회의 도우미처럼 모든 일에 부려 먹으려는 부담도 주지 말아야 합니다.

셋째, 사모가 목사를 조종할 수 있는 보이지 않는 큰손(?)으로 착각해서도 안 되며 이를 이용할 생각도 말아야 합니다.

이런 면에서 저는 분명한 원칙이 있습니다. 즉 사적인 집안의 일이나 자녀교육의 문제에 대해서는 아내의 생각과 결정을 따라 주는 편입니다. 제가 그만큼 시간을 내거나 실제적으로 도움이 되지 못할 때가 많기 때문입니다. 그러나 공적인 교회 일에 대해서는 어떤 경우에도 아내의 입김이 통하지 못하도록 철저하게 차단합니다. 예를 들면 성도들 중에서 "사모님, 목사님에게 잘 말씀 드려서 이 일이 통과되도록 도와주세요"라는 식의 어떤 청탁이 들어오면 저는 아무리 좋은 안건일지라도 의논 대상에서 제외된다는 것을 알라고 미리 전해 주었습니다.

그렇지만 집안에서 일어나는 웬만한 일에 대해서는 제가 꼼짝없이 들어주는 약하디 약한 남편이라는 것은 알고 계시지요?

장로님이 많이 뽑혔으면 좋겠습니다

우리 교회는 장로교회입니다. 장로교는 교회의 중요한 일을 목사와 장로의 모임인 당회에서 결의하면 그 제안에 대해서 시행할 것인가

말 것인가를 제직회에서 받아들여서 수행하는 정치 형태를 말합니다. 그러다 보니 당연히 장로직은 무겁고 헌신이 요구되는 직분으로 교회의 기둥과 같은 분들입니다.

이 직분은 사모해야 하지만 동시에 아무나 나서서는 안 될 자리입니다. 최근 우리 교인 수의 증가와 더불어 섬기고 살펴야 할 일이 점점 많아져서 이번에 다섯 분의 장로님을 더 뽑으려고 합니다. 장로님을 다섯 분이나 더 세운다는 것은 큰 숫자이지만 우리의 교세에 비해서는 결코 많은 숫자는 아닙니다. 당회는 할 수만 있으면 많은 분이 뽑힐 수 있도록 다음과 같은 선거 방법을 채택했습니다.

이 방법은 교회의 헌법이 허락하는 범위 내에서 교인 중에 한 사람이라도 오해나 상처를 받지 않도록 의논한 결과입니다. 선거일은 9월 24일 주일 오전 8시부터 오후 2시까지 1차 투표를 하며, 1차에서 5명이 뽑히지 않으면 오후 2시 50분에 다시 모여서 2차 투표를 할 것입니다. 1차는 온 교인이 참여하되 비밀투표를 할 수 있도록 선거관리위원회의 집기를 빌려올 것입니다. (장소와 방법은 주보에 알릴 예정입니다).

먼저 1차 투표에서는 시간을 절약하고 이름을 잘 모르는 사람들의 고충을 위해서 당 회원과 교역자들이 16명의 후보를 공천하며 이 일에 담임목사의 입김이 들어가지 않도록 저는 공천을 하지 않습니다. 그리고 투표용지는 360도 원 모양의 용지에 이름을 무순으로 기록해서 공천위원의 보이지 않는 힘이 낙락에 영향을 미치지 않게 할 것입니다. 그러나 2차 투표를 할 때는 온 성도들이 투표하기 때문에 1차의 득표순을 따라서 투표용지를 인쇄해서 드리고 후보자의 수가 2명 이

하일 때에는 3배수로, 3명 이상일 때에는 2배수를 입후보하게 됩니다.

선거기간이 짧은 것은 사람을 뽑다보면 인기투표나 선거운동을 하는 빌미를 줄 수 있기 때문입니다. 지금껏 잘해 오셨던 선거의 전통이 이번에는 더 아름답게 꽃을 피웠으면 좋겠습니다.

사소한 것에서 실망을 시키지 말아야

사람들이 보기에는 안 그럴 것처럼 보이지만 저는 아직도 부부싸움을 할 때가 있습니다. 우리 부부는 말도 안 되는 것을 가지고 얼굴을 붉히곤 했습니다. 신혼 초에는 커피는 건강에 도움이 안 되니 마시지 말라는 아내와, 커피는 긴장을 풀어주고 집중력에 효과가 있어 적당량은 오히려 몸에 좋기 때문에 먹어야 한다는 기 싸움이 계속되었는데 언제부터인가 사무실에서 커피를 마시면서 자연스럽게 해결이 되었습니다. 그래서 어른답게 져주었습니다.

한번은 밤중에 '파 송송 계란 탁!' 해서 끓여 먹는 라면이 문제가 되었습니다.

"그게 얼마나 맛있는데 안 끓여줘?"

"그게 얼마나 몸에 나쁜데 자꾸 먹으려 해?"

"꼭 원하면 한 개만 끓여 줄게."

한밤중에 라면 사러 가는 아내 때문에 한 박스씩 들여 놓다보니 아이들이 라면 즐기는 것을 보면서 어쩔 수 없이 그 싸움도 졌습니다.

외출할 때마다 제가 "몇 시까지 갑시다"라고 했는데 제 때에 나오지 못하는 아내 때문에 가끔씩 화를 내서 싸우기도 합니다. 생각해 보면 사람들의 다툼이라는 것이 언제나 이런 사소한 일 때문에 옥신각신하다 생기지요? 하지만 사소한 것이 자꾸만 쌓이면 그 사람에 대한 실망으로 이어집니다.

교회에서도 마찬가지입니다. 분명히 그 사람이 감당해야 할 일임에도 불구하고 은근슬쩍 빠지고 뒷짐을 지고 있으면서 정작 자신은 괜찮은 사람인양 거드름을 피우는 사람들이 있습니다. 예를 들면 목자를 해도 벌써 해야 할 연륜이지만 목장에서 문제를 일으키거나 아예 목장에 나기지 않는 사람들, 주보에는 분명히 어떤 봉사를 해야 한다고 순서가 나와 있지만 모른 척 하는 사람들, 땀 흘려서 정성으로 준비한 주일 점심을 식사비 천 원도 내지 않고 은근슬쩍 공짜로 먹는 사람들(지켜보는 사람들이 의외로 많답니다), 뿐만 아니라 초원별로 돌아가면서 식사봉사를 하는데 자신은 그 일에 전혀 관계없는 것처럼 구경만 하는 사람들이 있습니다.

물론 귀찮거나 아까워서 은근슬쩍 빠지겠지만 그래도 그러면 안 되지요? 순서에 관계없이 주일마다 식탁을 닦고 주방 일을 돕는 분도 있고, 주일마다 아침 일찍 교회 마당에 물을 뿌리고 빗자루로 깨끗이 쓰는 분도 있습니다. 사소한 것에서부터 존경하고 존경받을 수 있는 모두가 되었으면 좋겠습니다.

울 아부지

어버이날을 앞두고 연례행사처럼 부모님을 찾아뵈었습니다. 마음이야 늘 부모님 곁에 있고, 모든 필요를 채워 드리고 싶고, 손과 발이 되어 드리고 싶지만, 사는 게 바쁘고 경제적인 여유가 없다는 이유때문에 그렇게 못한다고 핑계하면서 올해도 어버이날을 맞이했습니다.

골목 가까이에 이르니 우리 어머니 아버지는 어린아이마냥 벌써 나와서 기다리고 계셨습니다.

이웃집 어른들도 같이 계셨는데 아들이 오는 것이 반가우셨는지 이웃 사람들에게 자랑하고 싶으셨는지 환한 모습으로 맞아 주셨습니다.

"목사 아들, 먼 길 오느라고 수고했네."

"수고는요, 아부지, 자주 찾아뵙지 못해서 너무 죄송합니다."

어설프게 인사를 드린 후에 울 아부지가 좋아하는 횟집으로 부모님을 모셨습니다. 아들과 오랜만에 식사를 하는 자리인지라 기분이 좋으신지 맛있게 드셨습니다. 울 아부지는 젓가락으로 회를 한 점 집어서 잡수시고는 제 쪽으로 두 점을 미루어 놓으십니다. 그리고는 "맛있구나. 많이 먹어라. 이런 건 몸에 좋은 거다" 하시면서 연신 제 쪽으로 모으십니다.

식사 후에 커피를 마시면서 울 아부지의 설교가 시작되었습니다.

"잘 들어 두거래이... 목사도 하나님 앞에서는 똑같은 사람이란 것을 잊지 말거라. 당회를 하든 제직회를 하든 유별나게 목사에게 반대하는 사람을 만나거든 절대로 따근케(까칠하게) 대하지 말아야 한다. 왜냐하면 그런 사람일수록 사랑이 부족해서 그러느니라. 반대를 하는 사람일수록 더 많이 사랑해 주거라. 사람이 사랑을 먹고 산다는 것을 나이가 들어 보니 좀 알 것 같구나. 사람이란 누구든지 한번 마음이 멀어지면 점점 멀어진단다. 그러니 천 목사 니는 크게는 못되어도 사랑이 많은 목사라는 소리를 들어야 한데이."

구구절절이 옳은 말씀이셨습니다.

'얼마나 말씀을 하고 싶으셨을까? 얼마나 사랑을 주고 싶으셨을까?'

당당하던 우리 아버지의 젊음은 사라지고 자동차 백미러에는 백발이 성성하고 허리가 구부정한 노인이 손을 흔들어 주십니다. 돌아오는 길에 아부지의 설교를 회상하면서 그동안 자주 찾아뵙지 못한 것이 참 부끄러웠습니다. '그래, 살아 계실 때에 잘 해야지! 내년에는 하룻밤 자고 가야지.' 저는 야무진 다짐을 했습니다. 지난해에도 했으면서….

울 엄마의 따뜻한 손

내가 원했던 것은 아니었는데 어느새 50대 중반의 늙은이(?)가 되었습니다. 올해도 어린이날에 시골에 계신 아버지 어머니를 찾아뵈었습니다. 너 자주 들러서 인사도 드리고 응석도 부려야 하건만 늘 바쁘다는 핑계로 중요한 날에만 사람들 보기에 부끄럽지 않도록 힘들게 갔다가 후다닥 쫓기듯이 되돌아오곤 합니다. '이러지 말아야지' 하는 생각은 수없이 하지만 올해도 작년처럼 그랬습니다. 아들이 온다는 소식에 나이 드신 부모님은 그렇게 좋으셨는지 평소보다 더 고운 옷으로 갈아입으시고 아들이 좋아하는 상추쌈과 마늘쫑을 잘게 썰어서 만든 양념장까지 준비해 놓으셨습니다.

아흔 다섯이신 아버지와 아흔이신 어머니 앞에서 말 잘 듣는 착한 어린이의 모습을 보여야겠다는 생각으로 한 입 가득히 상추쌈을 맛있게 먹으면서 큰 소리로 애교까지 떨면서 밥 한 그릇을 뚝딱 비웠습니다. 예나 지금이나 부모님은 자녀들이 맛있게 먹는 모습이 최고의 기쁨인 듯합니다. 그렇게 식사한 후에 어머니는 기분이 좋으셨는지 제 손을 꼬옥 잡으면서 이런저런 말씀을 하십니다.

평생을 시골에서 사셨고 지금도 그렇게 살아오셨기에 고운 손을 본 적이 없습니다. 오히려 거칠지만 어머니의 따뜻한 손길이 나이 든 아들의 심장을 뛰게 만듭니다. 그러면서 주머니를 주섬주섬 뒤지더니 꼬깃꼬깃 접어 두신 봉투를 꺼내어 드십니다.

"내가 우리 손주들 용돈 주려고 올 봄에 나물을 다듬어 내다 팔았는데 대학 다니는 내 손주들에게 주고 싶구나."

"어머니, 이러지 마십시오. 요즘 아이들은요 모자라는 것이 없답니다."

"아니다. 내가 주고 싶어서 그런다. 내가 언제까지나 줄 수 있으면 좋으련만 올해가 마지막일지 내년이 마지막일지 어떻게 알겠어?"

기어코 건네주십니다. 그리고 말씀하십니다.

"나는 이제사 아무것도 필요한 게 없단다. 그저 너희들이 목회 잘하고, 성도들에게 사랑받고 사는 것이 마지막 기도제목이란다."

순간적으로 아흔이 되신 어머니의 손을 힘주어 잡아 보았습니다. 엄마의 손은 언제나 따뜻했는데 오늘은 유난히 그 사랑이 심장에까지 찌르르 전달되어 옵니다. 엄마의 손은 늘 뜨거웠는데 순간순간 잊고서 살았을 뿐입니다. 어머니.

애매한 소문이 들려올 때

사람과 사람 사이에는 애매한 소문이 나돌아 다닐 때가 있습니다. 어디에서, 누구에게서부터 시작이 되었는지도 모를 그 이야기가 나돌다가 마침내는 여럿을 바보로 만들어 놓고서는 유유히 사라져 버립니다. 소문이 날개 치는 동안 당사자는 기가 막힐 것이고, 다른 많은 사람들은 마음이 뒤숭숭할 것입니다. 아름답지 못한 소문이 우리 주위에 돌아다닐 때 피해를 최대한 줄이기 위해서 제가 생각하는 몇 가지 원칙을 나누고자 합니다.

첫째, 소문은 언제든지 있습니다. 왜냐하면 마귀는 은혜 가운데 있는 우리를 볼 때마다 배 아파하며 이간질을 시키려고 배후에서 조종하기 때문입니다.

둘째, 안 좋은 소문이 들리면 전해 주는 사람의 인격을 보십시오. 대부분의 경우 소문을 퍼뜨리는 사람은 열등감이 많고 자신을 과시하고 싶지만 현실이 따라 주지 않아서 괜히 잘 나가는 사람을 소문에 휘

둘리게 해서 자신의 경쟁자를 끌어 내리려는 비겁한 사람입니다.

셋째, 험담의 대상인 그 사람이 정말로 그러한가를 알아 보셔야 합니다. 예를 들면 "누구는 이래서 형편이 없는 사람이더라"라는 말을 들었을 때 그 말을 받아들이기 전에 정말로 그 사람이 그런가에 대해서 직접 확인하거나, 그 사람이 지금까지 어떤 모습으로 살아왔는가를 살펴보십시오. 교회는 일을 하는 사람이 구설수에 오르는 경우가 많고 소문은 언제나 말만 번듯하게 하는 사람이 시동을 걸기 때문입니다.

넷째, 소문에 대해서 떳떳하다면 어떤 경우에도 사람들의 말 때문에 가야 할 길을 포기하면 안 됩니다. 일 잘하는 사람은 종종 오해를 받기도 하고, 다 설명할 수 없는 가슴앓이를 할 때도 있습니다.

소문이 광풍으로 다가와도 묵묵히 앞을 향해 걷다 보면 모퉁이 돌아서는 그곳에서 하나님이 위로해 주시고 사람들도 알아줄 때가 옵니다. 소문의 중심에 선다는 것은 그 만큼 시기의 대상이 되었다는 뜻이겠지요.

이웃 교회 교인은 데려오지 맙시다

최근에 어느 신문사 사장님이 교회에 놀러 오신 적이 있습니다. 이런저런 대화 중에 우리 교회를 추켜세우기를 "구미남교회는 신축하는 건물만 봐도 시대를 이끌어갈 만하며, 멀지 않아서 구미남교회는 구미에서 제일 큰 교회가 될 것이고, 목사님만 몰라서 그렇지 이런 소문은 이비 장안에 널리 퍼져 있습니다"라고 했습니다. 기분이 나쁜 이야기는 아니지만 듣기에 따라서는 상당히 부담이 되는 말이었습니다. 왜냐하면 우리는 큰 교회가 되기 위해서 예배당을 건축하거나 그 일을 이루려고 어떤 프로그램을 진행하는 것도 아니기 때문입니다. 물론 우리 교회가 커지면 좋겠지요. 구미에서 뿐 아니라 경상북도에서도 제일 큰 교회가 되면 더 좋겠지요.

그러나 우리의 목적은 교회의 건물이나 숫자가 많아져서 커졌다는 이야기를 듣는 것이 아니며, 우리는 외형이 커지기 이전에 내실 있고, 그 힘으로 자연스럽게 영향력을 끼칠 수 있는 그런 교회이기를 소망합니다. 성장과 동시에 성숙하고, 자랑하기보다는 따라 올 수 있는 교회가 되어야 합니다. 그렇게 하려면 교회가 교회다워야 한다고 생각합니다. '교회답다'는 것은 하나님의 마음을 시원하게 해드린다는 뜻입니다. 그러려면 잃어버린 한 영혼 한 영혼을 교회로 데려오고 그들이 예수님으로 인해서 새로운 삶을 살아가도록 인도하는 교회가 되어야 할 것입니다. 현대인들은 조금만 소문이 좋게 난 교회가 있으면 너무 쉽게 이 교회에서 저 교회로 옮겨가는 경향이 있습니다. 그래서 심각한 '쏠림' 현상이 생기고 그 후유증으로 힘들어하고 아파하는 교회도 있습니다.

우리 교회는 그러지 않았으면 좋겠습니다. 적어도 우리 교회는 목장을 통해서 VIP가 초청되고, 목장에서 받은 사랑 때문에 예수님을 알아가고 싶은 열망을 가진 채 총총걸음으로 교회로 나오는 그런 사람들이었으면 좋겠습니다. 그래서 우리 교회의 새 예배당에는 VIP들이 자꾸자꾸 초청되고 그들이 모두 침(세)례 받는 그런 주일이었으면 좋겠습니다. 그때 그들이 이렇게 간증했으면 좋겠습니다.

"저는 남교회를 통해서, 아니 목장을 통해서 예수님을 믿었습니다."

날마다 이런 감격적인 고백을 하는 사람들로 가득 채워지는 우리 교회이기를 소망합니다.

까다로운 사람은 어떻게 대해야 하는가?

사랑하는 사람을 만나 변하지 않는 마음으로 평생 사랑하면서 살면 최고로 행복한 사람일 것입니다. 이 말을 뒤집어서 생각하면 처음에는 별로 마음에 들지 않았는데 겪을수록 속을 뒤집는 그런 사람이 거머리(?)처럼 찰싹 붙어 있다면 이보다 더 불행한 인생도 없지 싶습니다.

우리는 어쩌면 이 둘 사이를 왔다 갔다 하면서 행복할 때도 있고 그렇지 않아서 억울할 때도 있습니다. 사랑하며 살기에도 짧은 세상인데 하나님도 야속하시지 왜 그런 사람을 하필이면 내게 붙여주시는지 원망할 때도 있지요?

그렇고 그런 사람, 정말 까다로운 사람이 집안에 있거나 목장에 있다면 어떻게 해야 하겠습니까? 대부분은 그런 사람을 만나지 않는 것이 속 편하다고 은근슬쩍 피하거나 노골적으로 그 사람 때문에 모임에 나오지 않겠다고 일방적으로 통보하기도 합니다. 그 사람(본인이야

못 느끼겠지만)이 왜 내 곁에 왔을까? 우선은 하나님이 나를 믿고 그 사람을 돌보아주라고 보내주셨습니다. 하나님이 보실 때에는 다른 곳에 보내서는 도무지 바뀌지 않을 것 같으니까 그래도 사랑이 있고 품을 수 있는 나를 믿고 보내주셨기 때문에 하나님의 기대를 저버려서는 안 될 것입니다.

두 번째는 내게 딱 맞는 엇비슷한 사람(나는 그 사람보다 월등하게 차원이 높은 사람이라고 생각하겠지만)이 함께 부대끼면서 서로가 다듬어지도록 보내주신 것입니다. 왜냐하면 손바닥도 서로 부딪혀야 소리가 나듯이 한 사람이 확실히 좋은 분이라면 그렇게 까다로운 사람도 금방 성품이 변할 것입니다. 보다 더 중요한 사실은 그 사람 때문에 내가 월등한 사람이 될 수 있도록 위장을 하고 내 곁에 보내준 가정교사입니다. 가정교사는 우리의 자녀들이 특별히 모자라는 부분이 있을 때에 큰 마음을 먹고 그 분야에 재능이 있는 사람을 초빙하는 것처럼 하나님이 보실 때 우리를 귀하게 쓰시려고 보내주셨고, 그는 자기 역할에 충실해서 악역을 하고 있을 뿐입니다.

그러므로 우리 자신이 변하면 그 사람도 할 일이 없어져서 손을 떨고 일어서거나 좋은 사람이 될 것입니다. 까다로운 사람, 알고 보면 우리의 선생님입니다.

희한한 교회

어떤 분이 홈페이지에 "우리 교회는 참 희한하다"라는 댓글을 달아 둔 것을 읽었습니다. '희한하다'라는 표현은 부정적일 수 있고 긍정적일 수도 있지만 대부분은 부정적인 의미로 많이 쓰입니다. 그런데 가끔씩은 이해할 수 없을 정도로 너무 좋은 일을 보아도 "거 참 희한하다"라고 합니다. 이런 의미에서 우리 교회는 제가 볼 때에도 희한합니다.

지난 특별새벽기도 기간에는 유난히 날씨가 추웠고 예기치 않게 많은 눈이 내렸음에도 불구하고 한결같이 많은 분이 참석했습니다. 우리를 지켜본 이웃 사람들은 "거참, 희한한 교회네"라고 했을 것 같습니다. 그뿐 아니라 매주 금요일마다 목장이 열릴 때면 한결같은 사랑으로 집을 개방하고 음식을 장만하고 마치 친정 부모님처럼 반겨 맞아주는 분들을 대할 때마다 마음속으로는 '참 희한한 사람들이네. 이 일이 얼마나 오래갈까?'라는 의아심을 가지면서 참석했는데, 한 해 두 해 시간이 흐르면서 어느새 남들이 볼 때 희한한 사람의 중심에 서 있는 우리 자신을 문득 발견하게 될 것입니다.

희한함이 믿음의 문을 열어주는 열쇠라는 것을 아시지요? 이른 아침 일찍 교회에 와서 마당을 쓸고 추운 길거리에서 열심히 주차 안내를 하는 희한한 분들 때문에 주일이 기다려집니다. 회사에 가면 나름대로 품위도 있고 고상한 일을 하는 멀쩡한 어른이 어린아이와 뛰고 솟는 게임을 하고 장난을 치면서 그들에게 '예수'라는 두 글자를 심어주려고 애쓰는 희한한 교사들 때문에 우리 아이의 마음에 꿈이 심어집니다.

이 희한함의 배후에는 매일처럼 새벽을 깨우며 무릎으로 나아가는 분들의 기도가 큰 몫을 차지합니다. 나와 우리 가족을 위한 기도보다는 목장과 교회를 위해 눈물을 흘리며 부르짖어 기도하는 희한한 분들 때문에 우리 교회의 분위기가 밝아지고 성령이 교통하는 교회가 되게 해주십니다.

평균치를 넘어서는 간절함이 있는 사람들은 언제나 희한하게 보입니다. 사실은 그 희한함으로 모두를 자유하게 하는 은혜의 비밀이 흐르게 되는데 그것을 '성숙'이라고 합니다. 하나님은 희한하게도 성숙을 당연하게 여기는 사람들에게는 채우시고 그를 통해서 넘쳐나게 하십니다. 이런 희한함이 이번에는 또 어떻게 나타날까? 매주일 기다려지시죠? 아주 많이.

차라리 눈물 한 방울

2010년 4월 21일 오후 5시 29분, 운전 중에 전화를 받았습니다.

"목사님, 너무 겁내지 말고 들으십시오. 지난주에 조직 검사를 했던 결과가 나왔는데요, 갑상선 암이라고 합니다."

순간적으로 덜커덩 도로가 내려앉는 느낌이 들면서 온몸이 서늘해졌습니다.

'암이란다. 내가 암환자가 되었단다. 그러면 어떡하지? 수술은 어디서 하지?'

스스로에게 자문자답을 하고 있는데 전화기 너머로 집사님의 목소리가 아득하게 전해옵니다.

"목사님, 수술을 잘 받으실 수 있도록 안내해 드리겠습니다."

"아, 네, 집사님, 고맙습니다."

그날은 450여 명의 목사님이 모이는 컨퍼런스에 참석 중이어서 소문을 들은 몇몇 분이 찾아와서 걱정 어린 위로를 해주었습니다.

"소식 들었습니다. 갑상선 암이라고 하던데 맞습니까? 그나마 다행이네요. 요즈음에 워낙에 암이 많아서 갑상선 암은 간단하게 고친답니다. 너무 걱정하지 마세요. 별일이 없을 겁니다. 그 암은 수술만 하면 백 퍼센트 고칠 수 있답디다."

대부분 이런 식으로 위로해 주었습니다. 물론 안타까운 마음에서 위로하는 그 마음을 모르는 바는 아니지만 같은 말을 두 번 세 번 반복해서 들으니까 위로는커녕 마음에 묘한 반감이 생겼습니다. 아무것도 아니면 당신도 한번 걸려보실래요? 수술만 하면 된다니요? 그게 어디 놀이인줄 압니까?

돌이켜 생각해 보니 사실은 저도 똑같은 말을 지금껏 해왔습니다.

"걱정하지 마세요. 저는 목사이기에 비교적 환자를 많이 대하는 편인데 갑상선 암은 크게 걱정하지 않아도 된다고 합니다. 기도하겠습니다. 힘내세요."

제가 늘 했던 말이었습니다. 비슷비슷한 위로의 말을 듣는 중에 선배 목사님 한 분이 저에게 왔습니다. 그분은 평소와는 다르게 유창(?)한 말을 하지 않고 머뭇머뭇하다가 눈시울이 벌겋게 닳아 오르더니 눈물 한 방울을 뚝 떨어뜨립니다. 갑자기 제가 당황되면서 마음이 울컥 해졌습니다.

'아, 이거로구나 진정한 위로는 말에 있는 게 아니로구나. 수십 마디의 말보다, 평범한 정보를 지식처럼 전달하는 것보다 마음에서 마음으로 이어지는 이거로구나.'

현란한 말보다는 차라리 눈물 한 방울, 소중한 것을 배웠습니다.

물김치 한 종지

5월 17일 제 생애 처음으로 병원에 입원했습니다. 병문안 온 조카의 자녀들이 환자복을 입은 저를 보고 "할아버지(?)는 흰머리가 넘 많아요"라는 말에 묘한 무력감을 느꼈습니다. 곧이어 진짜 환자가 되어 침대에 누워 있으니 한 시간 간격으로 혈압과 맥박을 체크하고 이런저런 검사를 자꾸 합니다. 수술 환자이기 때문입니다. 언젠가 여행지에서 누군가 저를 "아버님"이라고 부르기에 내 뒤를 돌아보았던 그때처럼, "환자님"이라는 호칭을 들을 때마다 어색함에 '난 아닌데'라고 속으로 중얼거렸습니다.

다음날 새벽에 간호사가 찾아와서 여기저기 주사 바늘을 꽂습니다. 그리고 한 번쯤은 달고 싶었던 링거를 매단 채 복도 이 끝에서 저 끝까지 거닐었습니다. 난 전혀 두렵지 않다는 듯이, 아주 우아한 몸짓으로….

드디어 정오 12시, 이상한 모자를 뒤집어씌우고는 수술실을 향하는 전용 침대에 눕혀진 채로 쭈욱 밀려가는 나를 또 다른 내가 내려다보고 있었습니다. 그 순간 직업병이 발동했습니다. '누구누구의 일은 잘 되었으면 좋겠고, 아! 투병 중인 누구누구도 나처럼 웃으면서 뛰어다닐 수 있어야 할 텐데. 왜냐하면 나는 내일이면 아무렇지도 않을 테니까.'

물론 수술 직전에는 흰 가운을 입은 의사들이 마치 포로병에게 훈시하듯 설명했습니다. "수술을 하다보면 이런저런 부작용은 있을 수 있습니다. 며칠 동안은 많이 아프고 경우에 따라서는 몇 개월 동안 목소리가 안 나올 수도 있고, 만약에 피가 멈추지 않아서 기도를 누르면 숨이 멎을 수도 있고요(흔한 일은 아니지만)."

옆에 앉은 아주머니의 얼굴이 사색이 된 채로 두려움으로 가볍게 떨면서 가쁘게 숨을 내쉬었습니다. 그러나 제 마음엔 알 수 없는 평온함이 밀려 올라왔습니다. 많은 분들의 기도와 사랑의 힘이 제 뒤에 있으니까요. (다시는 걱정 끼치지 않을게요.)

마침내 전신마취, 그건 별거 아니더군요. 몇 번 숨을 들이쉰 이후 4시간 20분은 그냥 기억 없는 시간으로 지났으니까요.

"환…자…니임?"

"또 그 소리야?"

"성함이 뭐예요?"

"네, 천석길입니다!"

"됐습니다. 이젠 아파도 참으세요."

"네, 그럼요."

밤 8시가 넘어서 수술한 의사를 만났습니다.

"목사님은 수술이 잘됐습니다. 이제 조금씩 드시고, 조금씩 운동도 하십시오. 아주 잘됐습니다."

의사가 나가자마자 곧 바로 기도하고 숟가락을 힘 있게 잡은 채 물김치 한 종지를 먹었습니다. 얼마나 시원하고 얼마나 달콤하던지요. 혹 입맛이 없으시거든 수술 한번 받아 보실래요?

어떤 얼굴이시죠?

사전에서 얼굴의 뜻을 찾아보니 얼굴은 인간이 가진 머리의 앞쪽 부분으로서 이마부터 머리카락, 눈썹, 눈, 코, 뺨, 입, 입술, 인중, 이, 피부, 턱을 포함한다고 합니다. 얼굴은 한 사람을 표현하는 겉모습으로 사람을 구별하는 가장 쉬운 방법입니다. 그런가 하면 근원적인 의미로는 한 사람의 얼(혼)이 들어 있는 굴이라고 합니다. 그만큼 한 사람의 살아온 모습과 지금 현재의 생각과 미래를 가늠할 수 있는 대략적인 틀이 총체적으로 녹아 있는 것이 얼굴이라는 뜻입니다.

최근에 한 형제가 간증을 하면서 우리 교회에 출석하게 된 결정적인 동기가 우리 교회를 출입하는 여러분의 얼굴 표정이 너무나 좋아 보여서였다고 합니다.

몇 년 전에 어떤 두 자매도 같은 간증을 한 적이 있습니다. 아침미다 우리 교회 앞을 지나서 출근하는데 여러분이 하나같이 표정이 환해 보이더랍니다. 그래서 마음속으로 '저 교회에 한번 가보고 싶다'라는 생각을 했는데 뜻을 이루지 못하고 다른 곳으로 이사를 갔다고 합니다. 이사한 집 앞에 교회가 있어서 몰래(?) 들어가서 예배에 참석했는데 분위기가 너무 엄숙해서 두려움까지 느껴졌다고 합니다.

이미 이사를 갔음에도 불구하고 우리 교회까지 용기를 내서 찾아왔는데 너무 좋아서 우리 교인이 되었습니다. 그날부터 예배에 참석하고 '생명의 삶' 공부도 열심히 하고 침(세)례까지 받고 난 후에 직장의 발령으로 다른 도시로 이사를 갔습니다. 그때 그 간증을 들으면서 황홀했는데 최근에 비슷한 간증을 다시 들으면서 찌릿한 전율과 더불어서 여러분이 더 귀엽게 느껴졌습니다. 정확하게는 여러분 한 사람, 한 사람의 환한 모습이 교회를 교회되게 하고 한 영혼을 구원하는 거룩한 무기가 된 것입니다.

찌푸린 인상은 또 다른 누군가를 불안하게 하지만 환하게 웃는 얼굴은 콧노래를 부르게 하고 누군가의 인생을 새롭게 시작하게 하는 촉매가 될 것입니다. 누군가에게 가까이 다가가고 싶은 얼굴은 마음에서부터 우러나오는 부드러운 미소가 있을 때입니다. 착한 웃음이 재산목록 1호가 되는 여러분이기를 축복합니다.

이런 때에는 정말 울고 싶더이다

신실하고 착한 집사님이 있었습니다. 그는 사람들 앞에 나서는 것을 쑥스러워해서 그저 멀찍이서 씨익 웃어주는 것이 우리 사이의 인사로 통했습니다(혹시 오해하실라? 그는 남자 집사님입니다). 그분을 좋아했고 제가 그의 영혼을 돌보는 목회자라는 것이 보람이었습니다. 그랬던 그가 지난해 야속하게도 교회를 옮겼습니다. 그때 애써 설명하기는 그저 작은 교회에서 섬기고 싶다는 말뿐이었습니다.

말이야 그렇게 하지만 그게 아닌 다른 이유가 있겠다 싶었지만 이미 마음에 빗장을 걸고 말하는 사람 설득해도 결과는 바뀌지 않을 것 같았습니다. 그래서 그렇게 떠나보내야 했습니다. 한참이 지난 지금에서야 그분이 교회를 떠난 이유를 마침내 알았습니다. 누군가가(밝히지 않을 것이니까 알려고도 하지 마십시오) 그 사람에게 이런 말을 했답니다.

"당신은 담임목사에게 잘못 보인 일이 있냐? 왜 목사님이 공개적인 자리에서 당신의 이름은 빼라고 하지?"

그 말을 들은 그 집사님은 여러 사람 앞에서 어쩔 줄을 몰라 했고 결국 우리 교회를 떠날 수밖에 없었다고 합니다.

기가 막히는 일입니다. 저는 공천을 하지 않고, 직분자를 뽑을 때 투표도 하지를 않습니다. 당연히 누구는 되고 누구는 안 된다는 말을 하지도 않지만, 해서는 안 되는 자리입니다. 가당찮은 이야기를 들으면서 가슴이 먹먹하고 잠이 오지 않았습니다. 그렇게 말한 사람에게 찾아가서 소리라도 지르고 싶지만 참기로 했습니다. 그래 봤자 이미 지난 일로 남아 있는 사람들까지 불편할 이유가 없기 때문입니다.

목사도 사람입니다. 억울한 일을 당하면 기도의 자리에 앉으면 눈물이 흐르고, 책을 펴놓아도 눈이 침침합니다. 그러면서 또 생각의 꼬리가 꿈틀거립니다. 아니 그렇게 상처받아서 교회를 옮긴다면 마지막으로 천 목사에게 말이라도 하고 떠나야지, 나에게도 설명할 기회는 줘야 하는 것 아닌가?

말, 정말 무섭습니다.

첫째, 근거 없는 말 함부로 하지 말기.

둘째, 근거가 있어도 여러 사람 앞에서는 조심하기.

셋째, 말을 듣는 사람의 입장에서 덕이 안 되는 말이라면 절제하기.

속앓이를 하면서 떠난 집사님을 축복하며, 택(?)도 없는 말을 만들고, 앞으로도 또 만들 가능성이 있는 그 사람을 그래도 사랑하기로 마음을 먹습니다. 한참을 울다가….

성경적인 교회 개척을 위하여

하나님은 우리 교회를 특별히 사랑하셔서 부흥을 선물로 주셨습니다. 지난 십여 년 사이에 수적인 부흥을 주셨고 재정적인 넉넉함도 주셔서 외적으로는 교회당도 건축했고, 내적으로는 초대교회의 원형과 같은 목장이 울타리를 넓혀가고 있으며 대외적으로는 많은 선교지를 후원하며 기도할 수 있게 해주셨습니다.

우리의 부족함에도 불구하고 우리를 충성스럽게 여기신 하나님의 전적인 은혜임을 고백합니다. 이 놀라운 은혜를 주신 하나님께 감사와 찬송을 올려 드리면서 지난 주일에 당회는 아름다운 일을 기도하는 중에 구미남교회 분립 개척 준비위원회를 조직했습니다. 분립 개척은 우리 교회처럼 건강하고 아름다운 교회를 구미시에 세워서 형제교회로서의 사명을 감당하고자 우리 교회가 모(母)교회로서의 재정의 전부를 부담하고 인원도 분가하는 개척입니다.

지금까지 한국 교회는 갈등이 있을 때 서로 다투고 다투다가 울며 겨자 먹기 식으로 교회가 갈라지면서 세워진 교회들이 너무나 많습니다. 때로는 목사님들이 개척의 뜨거운 사명으로 온몸을 던져서 교회를 세워나가곤 했습니다. 그때마다 하나님은 은혜와 복을 주셔서 곳곳에 헌신된 성도를 통해 함께 교회를 세워 주셨습니다. 그런데 근래에 들어와서는 성도들의 마음이 점점 약아져서 마음은 있으되 헌신하는 이들을 찾기가 어려우며, 더욱이 이 시대의 물가가 너무나 올랐기 때문에 한 개인이나, 가정이 교회를 세워나간다는 것은 너무나 어려운 상황입니다. 그나마 세워진 교회들도 점점 통폐합하는 가슴 아픈 현실입니다.

그래서 우리 교회는 이 시대에 또 하나의 본으로 출발점에 서고자 합니다. 아직 구체적으로 언제 어디에 어느 규모로 시작할 지는 정해진 바가 없지만 온 성도들의 관심과 축복으로 건강한 형제교회로 분립 개척을 하고자 합니다. 마치 목장이 분가를 해서 나누어지되 영적으로 더 큰 연합을 이루듯이, 교회도 하나님 나라라는 관점에서 아름답고

멋있는 분가(개척)를 하고자 합니다. 하나님이 기뻐하시면 구미시에 아름다운 모델이 될 것입니다.

기도해 주십시오. 그리고 좋은 아이디어를 제안해 주십시오. 하나님의 마음을 시원하게 해드리는 아름다운 일에 우리 모두가 주인공이 되십시다. 여러분의 목사인 것이 너무 자랑스럽습니다.

하루 사이에

이야기 하나, 화창한 가을 아침입니다. 출근하려고 주차장으로 걸어가고 있었습니다. 저만치에 하얀 자동차에서 젊은 엄마가 문을 열고 두서너 살쯤 되는 어린 남자 아이를 안아 내리려고 애쓰고 있었습니다. 졸음에 눈이 반쯤 감긴 아이가 투정부리며 차에서 내리기를 거절하는 듯했습니다. 엄마가 아이를 구슬리며 하는 말이 들렸습니다.

“야, 저기 할아버지가 오시면서 ‘이놈!’ 하셔! 얼른 내려야 돼!” 나는 무의식적으로 뒤를 돌아보았습니다. 아무도 없었습니다. 내가 잘못 보았나 싶어 다시 주위를 두리번거렸습니다. 눈을 씻고 봐도 아무도 없었습니다. 짧은 순간에 슬픈 사실을 알아차렸습니다.

‘헐! 나 보고 하는 말인가? 그럼 나를 할아버지라고 부른 건가?’

아직도 내 마음은 홀쭉한데 어느덧 남의 눈에 비친 내 모습은 할아버지인가 봅니다. 하기야 다시 생각하니 머리 허연 나를 할배로 보는 것은 이상한 일만은 아니겠지요? 이참에 머리를 염색해야 하나 고민이 시작됩니다. 까맣게 염색하면 아저씨라 부를 것이고, 노랗게 염색하면 삼촌이라고 부르겠지.

이야기 둘, 어떤 모임의 일로 하루 종일 회의를 하고 헤어지기 전에 차나 한 잔 하려고 커피숍을 찾았습니다. 사거리에서 둘러보니 온통 커피 파는 집들이 우리를 오라고 손짓을 합니다. 적당히 자리를 잡고 앉았습니다.

"뭘 시키지?"

"우리는 잘 몰라. 젊은 사람이 알아서 시켜와."

'여기 젊은 사람이 누구지?'

헐! 나를 보고 하는 말인가? 뒤를 돌아보았습니다. 금방 알아차렸습니다. 다방이 아닌 커피숍에서는 뭘 주문해야 할지를 모르시는 그 분들에 비하면 제가 젊은 사람이 맞는 것 같습니다. 아침에는 '저 할아버지가 이놈! 한다'는 소리를 들었는데, 저녁에는 '젊은 사람이 커피를 시켜 와야 한다'는 말을 듣습니다. 짧은 하루 사이에 별 이야기를 다 듣습니다.

그날 뜨거운 커피의 따뜻한 온기가 두 손에 와 닿을 즈음에 진짜 젊은이들이 우르르 들어와서 커피를 마시면서 수다를 떠는 모습이 눈에 들어옵니다.

'저들은 좋은 세상에서 세월이 얼마나 빠르다는 것을 알고 있을까? 그리고 오늘 하루가 얼마나 소중한 날인가를 알고 있을까?'

21C 교회성장과 축복의 통로

교회진흥원은 기독교한국침례회 총회의 교육, 문서선교 기관으로서 교회의 교육, 목회, 선교활동에 관한 실제적인 연구와 프로그램 개발, 기독교 정보를 제공하고, 자료 출판 및 보급사역을 하고 있습니다.

- 각 연령별 교회학교 공과, 구역공과, 제자훈련 교재, 음악도서를 기획, 출판하고 이와 관련된 각종 강습회를 실시합니다.
- 요단출판사를 운영하며 매년 70여 종의 각종 신앙도서와 제자훈련 교재를 기획, 출판합니다.
- 서울과 대전에 직영서점을 운영하고 있습니다.

요단출판사의 사역정신

그리스도인들의 올바른 신앙성장과 영성 개발에 필요한 신앙도서를 엄선하여 출판, 보급함으로써 이 땅에 하나님나라 확장을 위해 헌신하고 있습니다.

- For God For Church
  하나님과 교회의 유익을 위하여 도서를 기획 출판합니다.
- Only Prayer
  오직 기도뿐이라는 자세로 사역합니다.
- Way To Church Growth & Blessings
  교회성장과 축복의 통로가 되기 위해 사명을 감당합니다.
- Good Stewardship & Professionalism
  선한 청지기와 프로정신으로 사역합니다.
- Creating Christianity Culture & Developing Contents
  각종 문화 컨텐츠를 개발함으로 기독교 문화 창달에 기여합니다.

"그러므로 너희는 가서 모든 민족을 제자로 삼아 아버지와 아들과 성령의 이름으로 침(세)례를 베풀고 내가 너희에게 분부한 모든 것을 가르쳐 지키게 하라 볼지어다 내가 세상 끝날까지 너희와 항상 함께 있으리라 하시니라."_마 28:19~20